Heinrich von Cotta

Handbuch von Aufgaben und Formeln aus der technischen Geometrie und Stereometrie

sowie der ebenen Trigonometrie nach dem metrischen Maasse und Gewichte

Heinrich von Cotta

Handbuch von Aufgaben und Formeln aus der technischen Geometrie und Stereometrie
sowie der ebenen Trigonometrie nach dem metrischen Maasse und Gewichte

ISBN/EAN: 9783741168772

Hergestellt in Europa, USA, Kanada, Australien, Japan

Cover: Foto ©Andreas Hilbeck / pixelio.de

Manufactured and distributed by brebook publishing software (www.brebook.com)

Heinrich von Cotta

Handbuch von Aufgaben und Formeln aus der technischen Geometrie und Stereometrie

Handbuch

von

Aufgaben und Formeln

aus der technischen

Geometrie und Stereometrie,

sowie der

ebenen Trigonometrie,

nach dem

metrischen Maasse und Gewicht

Für höhere Schulen und zum Selbstunterrichte

herausgegeben

von

H. von Cotta.

Mit in den Text gedruckten Holzschnitten.

EISENACH.

Verlag von J. Bacmeister.
Hofbuchhändler.

Vorwort.

Vorliegende Sammlung von Aufgaben und Formeln aus der technischen Geometrie und Stereometrie, ist die bis jetzt einzige und vollständige Schrift, welche alle hierher gehörigen Fragen mittelst entsprechender Formeln auf die einfachste und leichteste Weise zu berechnen lehrt. Das Buch dient für seine Sphäre zugleich dem Lehrer und Schüler, wie auch dem sich selbst Unterrichtenden als das vollständigste und geeignete Material, ebenso wie die weit und breit berühmte Sammlung von Meier Hirsch's Aufgaben aus der Buchstabenrechnung und Algebra. — Wir geben uns daher auch der Hoffnung hin, den höheren Schulen in dem vorliegenden Werke eine technisch-geometrische Beispiel-Sammlung dargeboten zu haben, die als Hülfsmittel beim Unterricht sich unentbehrlich machen wird. —

Die beigegebenen „Vollständigen Lösungen der Aufgaben" etc. (Preis 1 Mark.) dienen zur leichteren Handhabung des Unterrichtsstoffes und werden sich beim Gebrauche ebenfalls als unentbehrlich erweisen.

Die sorgfältige und streng geprüfte Arbeit dieser beiden Bücher möge ihnen das Wohlwollen aller betheiligten Kreise sichern und dazu beitragen, den oft für so trocken geltenden Unterrichtsstoff, so gut es geht unterhaltend zu machen.

Der Verfasser.

Inhalts-Verzeichniss.

I. Das Nöthigste von den Decimalbrüchen, sowie dem Ausziehen der Quadrat- u. Cubik-Wurzeln.

	Seite
A) Die Lehre von den Decimalbrüchen	3
Erklärungen	3
Wie werden Decimalbrüche in Form ganzer Zahlen gleichnamig gemacht?	3
Wie geschieht das Vermindern der Anzahl von Decimalen?	4
Wie wird jeder gemeine Bruch in einen Decimalbruch verwandelt?	4
Wie werden Decimalbrüche in gemeine Brüche verwandelt?	8
Wie werden Decimalbrüche addirt?	10
Wie werden Decimalbrüche von einander subtrahirt?	13
Wie wird mit Decimalbrüchen multiplicirt?	15
Wie wird mit Decimalbrüchen dividirt?	16
Die abgekürzte Division d. Decimalbrüche	20
B) Das Ausziehen (Extrahiren) der Quadratwurzel	21
C) Das Extrahiren (oder Ausziehen) der Cubikwurzel	29
D) Das mit d. J. 1872 im ganzen norddeutschen Bunde in alleinige Anwendung kommende metrische (oder 10-theilige) Maass u. Gewicht, in Vergleichung mit preuss. Masse u. Gewichte	38
Das metrische Längenmaass	38
Das metrische Flächenmaass	41
Das metrische Cubik- oder Körpermaass	43
Die metrischen Hohlmaasse für Flüssigkeiten u. Getreide	45
Das metrische Gewicht	46

II. Planimetrische Formeln.

A) Das reguläre (regelmässige) Viereck oder Quadrat	49
B) Das Oblongum (oder länglig-rechtwinklige Viereck)	50
C) Der Rhombus, oder die Raute	53
D) Das Rhomboides	54

	Seite
E) Das ungleichseitige Dreieck	55
F) Das rechtwinklige Dreieck	58
G) Das rechtwinklig-gleichschenklige Dreieck	62
H) Das gleichschenklige Dreieck	63
I) Das reguläre (gleichseitige) Dreieck	64
K) Das Paralleltrapez	66
L) Das Trapezoides	67
M) Die regulairen (gleichseitigen) Polygone (oder Vielecke)	70
N) Die Flächen der Irregulairen (oder unregelmässigen) Polygone	72
O) Vom Kreise	75
P) Der Kreisbogen	77
Q) Die Sehne (Chorda)	79
R) Die Kreisfläche	79
S) Die Ringfläche	82
T) Formeln für die regulairen Vielecke in u. um den Kreis	84
U) Seitenberechnung der regulairen Vielecke	88
V) Der Kreissektor (od. Kreisausschnitt)	89
W) Das Kreissegment (oder der Kreisabschnitt)	91
X) Die Fläche einer Zone	92
Y) Die Ellypse u. das Oval	93
Z) Die Parabol, der gothische Bogen, u. die Eilinie	97
Vermischte Aufgaben	98
Verwandlung einer Flächengestalt in eine verjüngte andere	100

III. Stereometrische Formeln.

Vorbemerkung	102
A) Der Cubus (Hexaedron, od. Würfel)	103
B) Das Parallelepipedon	104
Das delische Problem	106
C) Das Prisma	108
D) Die Pyramide	110
E) Berechnung der Kugelhaufen	115
F) Die mit der Grundfläche parallel abgestutzte Pyramide	117
G) Der kubische Inhalt eines sogen. Obelisken zu berechnen	120
H) Der Cylinder oder die Walze	120
I) Der Mantel, oder die krumme Oberfläche des rechtwinkligen Cylinders	123
K) Der quadratförmige Cylinderausschnitt	125
L) Der Abfall oder Abraum	126
M) Die Röhre, oder der hohle Cylinder	127
N) Das Kreisbogen-Gewölbe (od. der Tunnel)	129
O) Kreisbogen-Gewölbe nach Bogengraden zu berechnen	130
P) Der Conus, oder Kegel	131
Q) Die krumme Oberfläche, oder der Mantel des Kegels	135

— VII —

	Seite
R) Der mit seiner Grundfläche parallel abgekürzte Kegel .	136
S) Der Mantel oder die krumme Oberfläche des parallel mit seiner Grundfläche abgekürzten Kegels	138
T) Der parallel abgekürzte hohle Kegel	139
U) Die Kugel (Sphaera)	140
V) Die hohle Kugel	143
W) Der Mantel (die Oberfläche) der Kugel	144
X) Formeln für den Kugelsektor, oder den sphärischen Kugelausschnitt	146
Y) Das sphärische Segment, d. i. der Kugelabschnitt, auch die Calotte oder Pfaffenmütze genannt	146
Z) Die sphärische Zone	147
Formeln für die platonischen Körper	148
Den kubischen Inhalt eines höchst unregelmässigen Körper's zu finden	149
Verwandlung eines Körpers in jeden beliebigen anderen .	150
Berechnung des Bau u. Brennholzes	152
a) Berechnung der gefällten unbehauenen Baumstämme	154
b) Tabelle zur schnellen Berechnung des kubischen Holzgehaltes unbehauener Baumstämme nach Cubik-Metern sowohl, wie auch nach Cubikfussen für jede Stammeslänge u. die mittleren Durchmesser (mD) von 4 bis 100 Centimeter	154—155
Gebrauch vorstehender Holztabelle	156
c) Die Anzahl von Bohlen, Brettern, Latten oder Riegeln zu finden, welche aus einem Baumstamme geschnitten werden können	157
d) Das Brennholz	158
Die trügerische Waldklafter	159

IV. Die Pythometrie, oder Visirkunst.

1) Die Anzahl Liter (Neu-Kannen) zu berechnen, welche ein verjüngt zulaufender (also konischer) und kreisrunder Bottich aufnehmen kann	160
2) Die Anzahl der Liter etc. zu finden, welche ein elyptisch-konischer Bottich aufnehmen kann	160
3) Die Anzahl Liter etc. zu finden, welche ein ovaler Bottich mit senkrechtstehenden Dauben enthält	161
4) Den Liter-Inhalt eines jeden Fasses zu finden . . .	161
5) Eine wichtige u. öfters vorkommende Aufgabe, ist folgende	162
6) Es soll ein Liter-Gefäss angefertigt werden, dessen innere Höhe seinem inneren Grundflächen-Durchmesser gleich ist	164
7) Es soll ein cylinderförmiges Gefäss von 1 Liter Inhalt u. von verlangter innerer Höhe angefertigt werden	164
8) Wie gross muss der innere Durchmesser u. die innere	

Höhe eines Neu-Schoffelmaasses (= 1/2 Hektoliters) von
50.1000 50000 □ cm werden? 165
9) Die innere Länge, die Spundtiefe und den inneren
Boden-Durchmesser eines Hektoliter-Fasses (à 100 Liter) zu
berechnen 165

V. Das specifische oder eigenthümliche Gewicht. 166
Tabelle der specifischen Gewichte der vorzüglichsten Körper.
I. Der Metalle 167
II. Der Steine und Erdarten . . . . 167—168
III. Der Holzarten 169
IV. Der Flüssigkeiten 171
Uebungs- und Examinations-Aufgaben.

VI. Anhang.
Trigonometrische Formeln für die Berechnung geradliniger Dreiecke . . . . 178—180
Resultate zu den Aufgaben 182

I. Das Nöthigste von den Decimalbrüchen, sowie dem Ausziehen der Quadrat- u. Cubikwurzel etc.

A. Die Lehre von den Decimalbrüchen.

§ 1) **Erklärung.** Jeder gemeine Bruch, dessen Nenner entweder 10, 100, 1000, 10000 u. s. f. ist — dessen Nenner also aus einer 1 mit nur angehängten Nullen besteht — bildet einen Decimalbruch. Hiernach z. B. sind $\frac{3}{10}$, $4\frac{7}{100}$, $\frac{9}{1000}$, $23\frac{17}{100000}$ etc. Dedimalbrüche, dagegen: $\frac{3}{20}$, $4\frac{7}{300}$, $\frac{9}{7000}$, $23\frac{17}{190000}$ etc. keine Decimalbrüche, weil deren Nenner nicht aus einer 1 mit lauter angehängten Nullen besteht.

Die Entstehung der Decimalbrüche in Gestalt einer ganzen Zahl, ist folgende: sowie jede folgende Stelle einer ganzen Zahl von der rechten nach der linken Hand hin einen 10 mal grösseren Werth als ihre nächst vorhergehende Stelle zur Rechten hat, und die Einer die Grenze jeder mehrziffrigen ganzen Zahl bilden, in derselben Weise muss auch jede folgende Stelle rechts hinter den Einern einen 10 mal kleineren Werth haben, als jede vorhergehende Stelle, d. h. nach den Einern einer ganzen Zahl setzt man ein Komma (,), welcher hier der „Decimalstrich" heisst, u. hinter diesem Komma bezeichnet die 1. Stelle „10tel" (von den Einern); die 2. Stelle aber 100tel; die 3. Stelle aber 1000tel; die 4. Stelle, 10000tel; die 5. Stelle, 100000tel; die 6. Stelle, 1000000tel (milliontel) u. s. f. von den Einern. Alle diese Stellen — gleichviel ob es Nullen oder giltige Ziffern (also 1, 2, 3, 4, 5, 6, 7, 8, 9) sind — nennt man „Decimalstellen" oder schlechtweg „Decimalen", welche dadurch angesprochen werden, dass man sie als Zähler eines gemeinen Bruches liest, deren Nenner aus einer 1 mit rechts so viel angehängten Nullen besteht, als Stellen (Ziffern) sich hinter dem Komma befinden (also nach den Einern folgen). Hiernach z. B. bezeichnet der Zahlenausdruck 98,007654321 einen Decimalbruch in Gestalt einer ganzen Zahl, und bedeutet: 98 Ganze $+ \frac{007654321}{1000000000}$, also 98 $\frac{7654321}{1000000000}$.

Das Nichtvorhandensein von Ganzen drückt man durch eine 0 aus, hinter welche man das Komma (,) setzt, und hinter diesem nun den Decimalbruch folgen lässt.

Um nun jeden in Gestalt eines gemeinen Bruches gegebenen Decimalbruch in einen als ganze Zahl dastehenden Decimalbruch auszudrücken, setzt man ein Komma, links vor dasselbe die allenfalls gegebenen Ganzen (oder, wenn keine Ganze gegeben sind, eine 0), rechts hinter das Komma aber den Zähler des gemeinen Bruches. Hiernach z. B. schreibt man für 1) $\frac{3}{10} = 0,3$; 2) $27\frac{13}{100} = 27,13$; 3) $81\frac{1}{10} = 81,1$ etc.

Enthält aber der Zähler des gemeinen Bruches weniger Stellen als sein Nenner, so setzt man gleich hinter das Komma erst noch soviele Nullen, als der Zähler des gegebenen gemeinen Bruches weniger Stellen als sein Nenner Nullen hat, und lässt nach der letzten 0 sofort den Zähler des gemeinen Bruches folgen. Man schreibt daher für 4) $6\frac{7}{100} = 6,07$; 5) $\frac{9}{1000} = 0,009$; 6) $237\frac{41}{100000} = 237,00041$; 7) $\frac{843}{10000000} = 0,0000843$ u. s. f., weil in No. 4) der Zähler 7 nur eine Stelle, sein Nenner 100 aber zwei Nullen, also eine 0 mehr hat; in No. 5) weil der Zähler nur eine Stelle (die 9), der Nenner 1000 aber zwei Nullen mehr hat; in No. 6) weil der Zähler 41 drei Stellen weniger hat, als sein Nenner Nullen, und in No. 7) weil der Zähler 843 vier Stellen weniger als sein Nenner Nullen hat, weshalb jedesmal hinter dem Komma dem Zähler noch so viele Nullen vorgesetzt werden müssen, als Stellen der Zähler weniger hat, als Nullen der Nenner.

Umgekehrt muss hiernach auch sein: 8) $0,09 = \frac{9}{100}$; 9) $12,00034 = 12\frac{34}{100000}$, u. 10) $0,007 = 0,\frac{7}{1000} = \frac{7}{1000}$ u.s.f.

§ 2) **Wie werden Decimalbrüche in Form ganzer Zahlen auf einerlei Benennung gebracht (d. h. gleichnamig gemacht)?**

Antwort. Indem man allen denjenigen Decimalbrüchen, welche hinter dem Komma weniger Decimalen haben als derjenige Decimalbruch, welcher die meisten Stellen hinter dem Komma hat, noch so viele Nullen rechts hinter die letzte Decimale ansetzt, bis er oder sie hierdurch mit letzterem Decimalbruche gleichviele Decimalen hat. Gesetzt, man habe die Decimalbrüche: 0,47; 3,1; 135; 0,41367 u. 41,9865 gleichnamig zu machen, so hängt man dem ersten Decimalbruche 0,47 (weil er drei Decimalen weniger als der vorletzte, 0,41367 hat) rechts noch drei Nullen an, also 0,47000; dem 2. Decimalbruche 3,1 (weil er vier Decimalen weniger als der vorletzte hat), rechts noch 4 Nullen; der ganzen Zahl 135, (weil dieselbe gar keine Decimalen hat) setzt man hinter einem Komma noch so viele Nullen rechts an, als der am meisten Decimalen enthaltende Decimalbruch (hier also 0,41367, Stellen hinter seinem Komma hat) d. s. deren fünf; u. dem 5. Decimalbruch 41,9865 hängt man als 5. Decimale noch eine 0 rechts an, weil er nur eine Decimale weniger als 0,41367 enthält. Es sind nun die in 0,47000; 31,10000; 135,00000; u. 41,98650 umgewandelten Decimalbrüche sämmtlich gleichnamig mit 0,41367.

Dass aber durch dieses Anhängen von Nullen an die letzte Decimale rechts der Werth des Decimalbruches nicht im Mindesten geändert wird, folgt daraus, weil, wenn man einen so erweiterten Decimalbruch als gemeinen Bruch ausdrückt, sein Nenner eine 1 mit rechts so viel angehängten Nullen erhält, als Decimalen sein Zähler hat, wo sich dann gleichviele Nullen im Zähler und Nenner gegenseitig heben, und man dann den anfänglichen Decimalbruch genau wieder erhält.

§ 3) **Wie geschieht das Vermindern der Anzahl von Decimalen?**

Antwort. Nur selten braucht man alle Decimalen zu berücksichtigen, weil für die meisten Fälle schon drei Decimalen (also 1000tel) ausreichen. Sollen nun von einem Decimalbruche z. B. nur drei Decimalen benutzt werden, und es sind deren mehr vorhanden, so muss man, wenn die erste (od. höchste) der ausser Acht zu lassenden Decimalen eine 5, 6, 7, 8 oder 9 ist, dafür die niedrigste der noch beizubehaltenden Decimalen um 1 vergrössern, welches aber nicht geschieht, wenn die erste der wegzulassenden Decimalen eine 0, 1, 2, 3 oder 4 ist.

Gesetzt, man habe den 10 Decimalen enthaltenden Decimalbruch: 9,0918273645, und wollte nur neun Decimalen desselben benutzen, so muss man, weil die 5 hinwegfallen soll, setzen: 9,091827365 (4 + 1 = 5 statt 4); wollte man hingegen nur sechs Decimalen benutzen, so wird die letzte (oder niedrigste) noch beizubehaltende Decimale 7 unverändert gelassen, weil die erste der hinwegzulassenden vier Decimalen 3645, eine 3, also kleiner als 5 ist; würde man aber, wie allgemein gebräuchlich ist, nur drei Decimalen in Rechnung bringen wollen, so muss man anstatt: 9,091, dafür 9,092 (1 + 1 = 2 statt) setzen, weil die erste der hinwegzulassenden Decimalen eine 8, also grösser als 5 ist.

§ 4) **Wie wird jeder gemeine Bruch in einen Decimalbruch verwandelt?**

Antwort. Dieses geschieht ganz einfach dadurch, dass man mit dem Nenner des gemeinen Bruches in seinen Zähler dividirt, wo, wenn der Zähler kleiner als sein Nenner ist, es stets 0 mal geht, d. h. man erhält 0 oder keine Ganze im Quotienten, hinter welcher 0 man nun den Decimalstrich (also das Komma) setzt. Hierauf multiplicirt man den Dividenden (also den Nenner des gegebenen gemeinen Bruches) mit 10, indem man ihm rechts eine 0 anhängt (wodurch er in 10tel verwandelt wird) und dividirt nun in den so vergrösserten Dividenden, wodurch man im Quotienten 10tel erhält; dem allenfalls, wie auch jedem folgenden Reste, setzt man stets rechts eine 0 bei, und dividirt (mit dem Zähler) in den so vergrösserten Rest, wodurch man im Quotienten 100tel oder die 2. Decimale erhält, und so führt man fort, jedem folgenden Reste rechts eine 0 rechts beizusetzen, bis die Division aufgeht, oder bis man wieder einen Rest erhält, der bereits schon da war, wo alsdann der Quotient im ersteren Falle den **völlig gleichgrossen** und **endlichen** (oder **vollständigen**), im letzteren Falle aber den **periodischen** und **annähernden**, aber **unendlichen** (oder **unvollständigen**) Decimalbruch für den gegebenen gemeinen Bruch erhält. Z. B. Welchen Decimalbruch erhält man für $\frac{24}{25}$?

Antwort. $\frac{24}{25} = 0{,}96$, denn:

Berechnung. 25 | 24 | 0,96.
  240
  225
  ·150
  150
  ···

Ebenso findet man für $39\frac{17}{125} = 39{,}136$, denn:

Berechnung. 125 | 17 | 0,136.
  170
  125
  ·450
  375
  ·750
  750
  ···

d. h. für $\frac{17}{125}$ erhält man 0,136; es müssen aber für die 0 Ganze die 39 Ganze eingestellt werden, wodurch man für $39\frac{17}{125} = 39{,}136$ **genau** erhält.

Aber nur dann erhält man für einen gegebenen **gemeinen** Bruch einen **völlig gleichgrossen** und **vollständigen** Decimalbruch, wenn der Nenner des gemeinen Bruches keine 3 oder 7 als Grundfaktor enthält; der Nenner also nur aus Zweien und Fünfen, oder ein Produkt aus beliebig vielen

Zweien oder Fünfen besteht; wenn also der Nenner z. B. 2; 4 = 2.2; 8 = 2.2.2; 5; 25 = 5.5; 40 = 2.2.2.5; 625 = 5.5.5.5 u. s. f. ist. Enthält aber der Nenner des gemeinen Bruches noch eine 3 oder 7 als Grundfaktor, wie z. B. 75 = 3.5.5, oder 35 = 5.7, so geht die Division nimmermehr auf, sondern man erhält bei genugsam fortgesetzter Division über kurz oder lang einen Rest wieder, der schon einmal da war, und die Decimalstellen von diesem anfangs sich ergebenen Reste wiederholen sich in ganz derselben Ordnung. Solche sich im Quotienten wiederholenden Decimalen nennt man eine **Periode**, und diese bildet das Gesetz des Decimalbruches, welcher aber ein **unendlicher** (oder **unvollständiger**) ist, und was man im Quotienten dadurch bezeichnet, dass man hinter die letzte Decimale 3 Punkte (…) setzt. — Eine solche Periode kann höchstens nur **eine Stelle weniger** enthalten, als der Nenner des gemeinen Bruches Einheiten hat. Z. B. Welcher periodische Decimalbruch entspricht dem gemeinen Bruche $\frac{3}{7}$?

Antwort. 0,428571…, denn:

```
7 | 3 | 0,428571*)428571…
    30   Periode
    28
    ·20
    14
    ·60
    56
    ·40
    35
    ·50
    49
    ·10
     7
     3, anfänglicher Rest.
```

Da der Rest 3 schon anfangs da war, so ist es einleuchtend, dass sich von hier ab, die Stellen im Quotienten genau wiederholen müssen, und so die sechsstellige Periode 428571 bilden muss, und weil hier die Periode gleich hinter dem Komma anfängt, so heisst der Quotient ein **rein periodischer Decimalbruch**, zum Unterschiede von einem periodischen Decimalbruche, bei welchem seiner Periode erst eine oder mehrere Decimalen vorangehen, wo dann ein solcher Decimalbruch ein unrein periodischer Decimalbruch genannt wird, wie z. B. 0,301523523..., wo der dreistelligen Periode 523 erst drei nicht zur Periode gehörige Decimalen (hier 301) vorangehen. So z. B. erhält man für $37\frac{17}{198}$ den unrein periodischen Decimalbruch $37,0\overline{8585}$..., denn:

198 | 17 | 0,08585...
   170   Periode
  1700
  1584
 ·1160
   990
   170 dagewesener Rest.

Der Bruch $\frac{17}{198}$ giebt also den unrein periodischen Decimalbruch 0,08585..., wo für die 0 Ganzen noch die 37 Ganze eingestellt werden. Die Periode ist hier zweistellig, und es geht derselben die nicht zur Periode gehörende Decimale 0 voran.

Soll nun irgend ein gemeiner Bruch in einen gleichgrossen Decimalbruch verwandelt werden, so muss man die Division so lange fortsetzen, bis ein dagewesener Rest wieder erscheint, und man mit ihm zugleich den gleichgrossen periodischen Decimalbruch erhalten hat, weil man nur mittelst eines solchen den gleichgrossen gemeinen Bruch nach folgendem § 5, aufzufinden im Stande ist. Z. B. Welchen periodischen Decimalbruch erhält man für $73\frac{29}{33}$?

Antwort. 73,8787..., denn:
Berechnung. 33 | 29 | 0,8787...
                290
                264   Die Periode ist zweistellig.
             ·260
              231
  dagewes. Rest. 29

$73\frac{29}{33}$ giebt also den rein periodischen Decimalbruch 73,8787...;

dagegen giebt $\frac{17}{3000}$ den unrein periodischen Decimalbruch
0,005666..., denn: 3000 | 17 | 0,005666...
            170
           1700   Die Periode ist ein-
) Diese 3 Nullen heben sich   17000)   stellig.
gegen die 3 Nullen des Divisors   15
3000, daher 3 in 17 u. s. f.   20
                               18
                              ·2, dagewesener Rest.

§ 5) Wie werden Decimalbrüche in die ihnen entsprechenden gemeinen Brüche verwandelt?

Antwort 1) Ist der gegebene Decimalbruch ein endlicher (also ein vollständiger), so giebt man ihm als Zähler einen Nenner, der aus einer 1 mit rechts soviel angehängten Nullen besteht, als Decimalen vorhanden sind, worauf man einen solchen Bruch noch möglichst durch's Heben vereinfacht. Z. B. Welchen gemeinen Bruch geben die vollständigen Decimalbrüche: a) 0,075; b) 0,28 u. c) 0,0875?

Antwort ad) a) $\frac{075}{1000} \Big| \frac{3}{40} = 0,075$.

Antwort ad) b) $\frac{28}{100} \Big| \frac{7}{25} = 0,28$.

Antwort ad c) $\frac{0875}{10000} \Big| \frac{7}{80} = 0,0875$.

2) Ist der gegebene Decimalbruch ein rein periodischer, so setzt man als Zähler seine Periode, und giebt ihr soviele Neunen zum Nenner, als aus wievielen Decimalen die Periode besteht, worauf man den so erhaltenen gemeinen Bruch durch's Heben noch möglichst vereinfacht. Z. B.: Welche gemeine Brüche erhält man für folgende rein-periodische Decimalbrüche, nämlich für a) 7,666..., b) 0,3636... u. c) 0,428571428571...?

Antwort ad a) $\frac{6}{9} \Big| \frac{2}{3}$, also $7\frac{2}{3} = 7,666...$

Antwort ad b) $\dfrac{36}{99} = \dfrac{4}{11} = 0{,}3636\ldots$

Antwort ad c) $\dfrac{428571}{999999} = \dfrac{3}{7} = 0{,}428571428571\ldots$

3) Ist der gegebene Decimalbruch aber ein **unreinperiodischer**, so setzt man die von der Periode abweichenden Decimalen als Ganze eines vermischten Bruches, hängt demselben rechts einen ächten Bruch an, dessen Zähler die Periode, dessen Nenner aber aus sovielen Neunen besteht, als Stellen die Periode hat. Den so erhaltenen vermischten Bruch dividirt man hierauf durch eine Zahl, die aus einer 1 mit rechts soviel angehängten Nullen besteht, als Decimalstellen nicht zur Periode gehören, worauf man den so entstandenen zusammengesetzten Bruch auf seine einfachste Form reducirt, und diese endlich durch's Heben noch möglichst vereinfacht. Z. B.: Welche gemeine Brüche erhält man für folgende unrein periodischen Decimalbrüche, nämlich für a) 0,45468468… b) 12,83666… u. c) 0,00823636…?

Berechnung ad a) $\dfrac{45\frac{468}{999}}{100} = \dfrac{45 \cdot 999 + 468}{999 \cdot 100} =$

$\dfrac{45423}{99900} = \dfrac{5047}{11100}$; also ist $0{,}45468468\ldots = \dfrac{5047}{11100}$.

Berechnung ad b) $\dfrac{83\frac{6}{9}}{100} = \dfrac{83\frac{2}{3}}{100} = \dfrac{83 \cdot 3 + 2}{3 \cdot 100} =$

$\dfrac{251}{300}$, also ist $12{,}83666\ldots = 12\dfrac{251}{300}$.

Berechnung ad c) $\dfrac{0082\frac{36}{99}}{10000} = \dfrac{82\frac{4}{11}}{10000} = \dfrac{82 \cdot 11 + 4}{10000 \cdot 11} =$

$\dfrac{906}{11000} = \dfrac{453}{5500}$, also $0{,}00823636\ldots = \dfrac{453}{5500}$ u. s. f.

Ein anderes Verfahren um unrein periodische Decimalbrüche in gewöhnliche Brüche zu verwandeln, ist folgendes:

— 10 —

Man subtrahire die von der Periode abweichenden Decimalen von derjenigen Zahl, welche aus der Periode und der von ihr abweichenden Decimalen besteht, worauf man dem hier erhaltenen Reste als Zähler einen Nenner giebt, der aus sovielen Neunen besteht, als die Periode Stellen hat, welchem Nenner aber noch soviele Nullen rechts anzusetzen sind, als Decimalen von der Periode abweichen, und endlich den so erhaltenen gemeinen Bruch durch Heben noch möglichst vereinfacht. Enthält der unrein periodische Decimalbruch Ganze, so setzt man diese als solche dem zuletzt erhaltenen gemeinen Bruche noch links vor. Hiernach z. B. steht die Berechnung für $397{,}1039813981\ldots$ wie folgt:

Von 103981 subtrahirt
man $\quad 10\underline{}^{13}$
bleibt $\dfrac{103971}{999900}\ \dfrac{34657}{333300}$; es ist also

$$397{,}1039813981\ldots = 397\ \dfrac{34657}{333300}.$$

4) Ist aber ein **unvollständiger** Decimalbruch gegeben, von welchem man die Periode nicht kennt, so betrachtet man die Decimalen eines solchen unendlichen Decimalbruches als eine vollständige Periode, und verwandelt ihn nach No. 2, in einen gemeinen Bruch, welcher dem wahren gemeinen Bruch so nahe kömmt, dass der Unterschied nie in Betracht kommen kann.

Z. B.: Welchen gemeinen Bruch erhält man (dem wahren möglichst annähernd) für den unvollständigen Decimalbruch (dessen Periode man auch nicht kennt): $73{,}04815\ldots$?

Antwort. $\dfrac{04815}{99999}\ \dfrac{535}{11111}$, also $73{,}04815\ldots = 73\ \dfrac{535}{11111}$ ca.

Verwandelt man $\dfrac{535}{11111}$ in einen Decimalbruch, so erhält man $0{,}04815$ wieder.

§ 6. **Wie werden Decimalbrüche addirt?**

Antwort. Genau ebenso wie ganze Zahlen, indem man sie zuvor so untereinandergesetzt hat, dass ihre Stellen, (wie auch die Komma's) von einerlei Ordnung genau senkrecht unter einander stehen, d. h. 10tel unter 10tel, 100tel unter 100tel, 1000tel unter 1000tel u. s. f., wobei noch zu bemerken ist, dass, wenn auch ganze Zahlen mit vorkommen, diese dadurch in Decimalbrüche verwandelt werden, dass man den Ganzen ein Komma rechts beisetzt, und hinter dasselbe so viele Nullen oder Punkte als Decimalen anhängt, als solcher weniger als derjenige Decimalbruch enthält, welcher die meisten Decimalstellen hat. Alle übrigen zu addirenden Decimalbrüche werden noch nach § 2, gleichnamig gemacht, entweder durch Nullen oder Punkte. Hiernach z. B. ist 13 = 13,0 = 13,00 = 13,000 u. s. f.

Gesetzt, man habe nachstehende Decimalbrüche zu addiren, als: 0,378 + 24,03 + 9 + 478,8462 + 15,0004506 + 29 + 2354,31 + 7,23 + 64,1892, so stehen dieselben geordnet und gleichnamig gemacht, wie folgt: Oder so:

Entweder	Oder
...0,3780000	...0,378....
..24,0300000	..24,03.....
...9,0000000	...9,.......
.478,8462000	.478,8462...
..15,0004506	..15,0004506
2354,3100000	2354,31.....
..29,0000000	..29,.......
...7,2300000	...7,23.....
..64,1892000	..64,1892...
25122	25122
2981,9838506.	2981,9838506.

Die gesuchte Summe ist also = 2981,9838506.

Nachdem die 10tel addirt sind, wird das Komma (,) gesetzt, und die in den 10teln enthaltenen Einer zur Columne der Einer gezählt, u. s. f. — Das Zeichen der Addition ist +, und wird „plus, mehr oder und" gelesen.

Die Probe der Decimalbruch-Addition ist ebenso wie die der ganzen Zahlen.

§ 7) Die Vortheile, welche die Decimalbrüche dem praktischen Rechnen gewähren, sind sehr mannigfaltig, z. B.

a) Wenn man wissen will, welcher von zwei oder mehreren ächten Brüchen, deren Zähler und Nenner mehrziffrige Zahlen sind, der grösste, und welches der kleinste Bruch sei, so braucht man sie nach § 4, nur in Decimalbrüche zu verwandeln, und sie dann nach ihren 10teln, 100teln, 1000teln

— 12 —

etc. mit einander zu vergleichen, wo man sofort den grössten und kleinsten der gegebenen ächten Brüche erkennen wird.

Z. B.: Welcher von den drei ächten Brüchen: $\frac{7804}{8931}$, $\frac{6715}{7832}$ u. $\frac{5623}{6742}$, ist der grösste, und welches ist der kleinste Bruch?

Antwort. Weil $\frac{7804}{8931} = 0{,}874$; $\frac{6715}{7832} = 0{,}857$, und $\frac{5623}{6742} = 0{,}834$, so erkennt man gleich, dass $\frac{7804}{8931}$ der grösste, u. $\frac{5623}{6742}$ der kleinste Bruch ist.

b) Soll ein ächter Bruch, dessen Zähler und Nenner mehr als zweistellige Zahlen sind, entweder gehoben (vereinfacht), oder für irgend einen Zweck vielfach in Rechnung gebracht werden, so verwandelt man ihn ebenfalls nach Erfordern in einen drei-, höchstens vierstelligen Decimalbruch, und bringt diesen überall in Rechnung.

c) Hat man gemeine Brüche mit mehrziffrigen oder solchen Nennern zu addiren, welche voraussichtlich einen sehr grossen Generalnenner geben, welcher grosse Quotienten, Produkte und Summanden giebt, welche die Rechnung weitläufig und unsicher machen, so verwandelt man jeden der zu addirenden Brüche in einen drei-, nach Umständen auch wohl in einen vierstelligen Decimalbruch, und addirt diese Decimalbrüche, so erhält man im 1. Falle die gesuchte Summe bis auf 1000tel, im anderen Falle aber bis auf 10000tel genau. Bis auf drei Decimalen (also bis auf 1000tel genau) genügt fast überall. Z. B.: Wie viel beträgt die Summe von $18 \frac{6}{7}$ Ctr. $+ \frac{7}{9}$ Ctr. $+ 15 \frac{3}{8}$ Ctr. $+ 2 \frac{1}{9}$ Ctr. $+ 34 \frac{11}{12}$ Ctr. $+ \frac{3}{7}$ Ctr. $+ 1 \frac{4}{19}$ Ctr. $+ \frac{5}{22}$ Ctr. $+ 6 \frac{1}{35}$ Ctr. $+ \frac{13}{38}$ Ctr. $+ 26 \frac{5}{9}$ Ctr. $+ 7 \frac{8}{105}$ Ctr.?

Antwort. 114,154 Ctr., denn:

$18\frac{6}{7}$ Ctr. = 18,857 Ctr.

$\frac{7}{9}$ „ = 0,777 „

$15\frac{5}{8}$ „ = 15,625 „

$2\frac{1}{9}$ „ = 2,111 „

$34\frac{11}{12}$ „ = 34,917 „

$\frac{3}{7}$ „ = 0,429 „

$1\frac{4}{19}$ „ = 1,210 „

$\frac{5}{22}$ „ = 0,227 „

$6\frac{1}{35}$ „ = 6,025 „

$\frac{13}{38}$ „ = 0,342 „

$26\frac{5}{9}$ „ = 26,555 „

u. $7\frac{8}{105}$ „ = 7,079 „

Sa. $114\frac{81109}{526680}$ Ctr. = 114,154 Ctr.

Die Summe von 114,154 Ctr. stimmt mit der richtigen Summe $114\frac{81109}{526680}$ Ctr. bis auf $\frac{3}{10000}$ Ctr. = $\frac{9}{10}$ Loth genau, eine Differenz, die hier nicht beachtet werden kann, und noch vermieden worden wäre, hätte man die gemeinen Brüche in Decimalbrüche von vier Decimalen verwandelt.

§ 8) **Wie werden Decimalbrüche von einander subtrahirt?**

Man setzt den Subtrahenden ebenso unter den Minuenden, als sollten beide addirt werden, worauf man die Subtraktion ebenso, wie die mit ganzen Zahlen ausführt, wobei jedoch zu bemerken ist, dass, wenn der Minuend einen vollständigen Decimalbruch enthält, oder auch aus einer

— 14 —

ganzen Zahl besteht, der Subtrahend aber ebenfalls aus einem endlichen Decimalbruche (§ 4), aber von mehr Decimalen als der Minnend besteht, man den Decimalen des Minuenden rechts noch so viele Nullen ansetzt, als er weniger Decimalen wie der Subtrahend hat, worauf die Subtraktion wie gewöhnlich ausgeführt wird. Nachdem man aber die 10tel von einander abgezogen hat, wird das Komma gesetzt, und dann weiter subtrahirt. Z. B.: Man habe von 13,45 abzuziehen: 9,45673, also vom Minuenden 13,45000
ab den Subtrahenden 9,45673
bleibt als Rest = 3,99327.

Ist aber der Minuend ein unendlicher Decimalbruch von weniger Decimalen als der Subtrahend, so wird ein schärferer Rest dadurch erhalten, wenn man anstatt Nullen dafür ebensoviele Neunen dem Minnenden rechts ansetzt, als Decimalen er weniger als der Subtrahend hat, dafür aber die Decimale, oder falls der Minuend eine ganze Zahl wäre, die Einer um 1 vermindert, und nun erst die Subtraktion ausführt. Z. B.: Man habe 1) von 0,72... abzuziehen 0,71854, u. 2) von 361 zu subtrahiren 94,9203, so steht die Rechnung für No. 1) 0,72999 für No. 2) 361,9999
ab 0,71854   ab 94,9203
Rest 0,00145   Rest = 266,0796.

Enthält aber der Subtrahend weniger Decimalen als der Minnend, so ergänzt man ohne Weiteres die fehlenden Decimalen des Subtrahenden stets nur durch angehängte Nullen. Z. B.: Man habe abzuziehen 38,97 von 43,40017, so steht die Rechnung: Von 43,40017
ab 38,97000
bleibt Rest = 4,43017.

Hat man endlich einen Decimalbruch von einem gemeinen Bruche, oder diesen von jenem abzuziehen, so verwandelt man in beiden Fällen den gemeinen Bruch in einen Decimalbruch, von ebensoviel Stellen als derselbe der Decimalbruch hat, und verrichtet nun die Subtraktion. Z. B.: Man habe 3) von 4,23 abzuziehen $3^5/_7$, u. 4) von $3^5/_7$ abzuziehen 2,9835, so steht die Subtraktion (weil $3^5/_7 = 3,7143...$)

v. No. 3) 4,2309   v. No. 4) 3,7143
　　　ab 3,7143　　　　ab 2,9835
　Rest = 0,5166.　　Rest 0,7308.

Hat man zwei unbequeme gemeine Brüche von einander abzuziehen, so verwandelt man jeden derselben in einen gleichviele Decimalen haltenden Decimalbruch, und zieht nun diese beiden Decimalbrüche von einander ab. Z. B. Von $206\frac{9876}{54321}$ Ctr. Steinkohlen wurden verkauft $142\frac{789}{3451}$ Ctr. Wie viele Ctr. bleiben übrig?

Antwort. 63,953 Ctr., denn:

Berechnung. Von $206\frac{9876}{54321}$ Ctr. = 206,182 Ctr.
　　ab $142\frac{789}{3451}$ „ = 142,229 „
　　　　　　bleiben　63,953 Ctr.

§ 9) **Wie wird mit Decimalbrüchen multiplicirt?**

Antwort. Sind beide Faktoren Decimalbrüche, oder ist auch der eine derselben eine ganze Zahl, so geschieht die Multiplikation völlig ebenso wie mit ganzen Zahlen, und ohne Rücksicht auf den Decimalstrich zu nehmen, nur muss man vom erhaltenen Total-Produkte von der rechten nach der linken Hand hin durch das Komma so viele Stellen abschneiden, als Decimalen die mit einander multiplicirten Zahlen hinter ihrem Komma haben, wie in No. 1. Enthält das Totalprodukt genau eben so viele Stellen, als abgeschnitten werden sollen, so setzt man das Komma vor die erste oder vorderste Stelle zur Linken, und links vor dieses Komma — als Abwesenheit der Ganzen — noch eine 0, wie an nachstehendem Beispiele No. 2 ersichtlich.

Enthält aber das Totalprodukt weniger Stellen als deren abgeschnitten werden sollen, so ergänzt man die fehlenden Stellen durch links vor das Totalprodukt gesetzte Nullen, setzt vor die erste 0 zur Linken das Komma, und links vor das Komma — das Nichtvorhandensein von Ganzen anzudeuten — noch eine 0, wie im Beispiele No. 3 ersichtlich ist. Z. B.: Was wird erhalten, wenn multiplicirt wird 1) 789 mit 3,045; 2) 9,7 mit 0,018, und 3) 0,093 mit 0,076? Ant-

— 16 —

wort ad 1) 2402,505; ad 2) 0,1746, und ad 3) 0,007448,
denn: No. 1) 789 × 3,045   No. 2) 9,7 × 0,018
　　　　　　3945　　　　　　　776
　　　　　　3156 .　　　　　0,1746
　　　　　　2367 ...   No. 3) 0,098 × 0,076
Totalprodukt = 2402,505 =　　　　588
　　　　　　　　　　　　　　　686 .
　　　　　Total-Produkt =　　0,007448.

Hat man einen Decimalbruch mit 10, 100, 1000, 10000
u. so f. zu multipliciren, so braucht man nur das Komma
um ebensoviele Stellen nach rechts zurückzusetzen, als Nullen der Multiplikator 10, 100, 1000 etc. hat. So z. B. giebt
9,87063 × 10 = 98,7063, und 0,897654 × 100000 =
89765,4 u. s. f.

Hat man endlich einen Decimalbruch mit einem gemeinen Bruche zu multipliciren, so verwandelt man letzteren
nach § 4 in seinen entsprechenden Decimalbruch, und multiplicirt dann beide Decimalbrüche mit einander.

§ 10) Wie wird mit Decimalbrüchen dividirt?

Antwort. Ebenso wie mit ganzen Zahlen, nachdem
man Divisor und Dividend, wie nachstehend entsprechend
eingerichtet hat.

1. Sind Divisor und Dividend ganze Zahlen, und man
verlangt den Quotienten bis zu einer gewissen Grenze (Decimalstelle) genau, z. B. bis auf drei Decimalen (also bis
auf 1000tel) genau, so setzt man hinter den Dividenden das
Komma, und nach diesem noch so viele Nullen, als Decimalen
verlangt werden, 29 | 17,000 | 0,586 ... Quotient
　　　　　　　　170 ..   Probe 0,586 × 29
　　　　　　　　145 ..　　　　　　5274
　　　　　　　 · 250 .　　　　　　1172 .
　　　　　　　　232 .　　　　　　+ Rest 6
　　　　　　　 · 180　　　　　　= 17,000
　　　　　　　　174　　　　　d. i. = 17.
　　　　　　Rest · 6

und beginnt nun die Division ganz nach § 4, und in
vorstehendem Beispiele ersichtlich ist, wo mit 29 in 17
zu dividiren, und der Quotient bis auf 3 Decimalen (oder
1000tel genau) gefunden werden sollte, weshalb man hinter

die 17 das Komma, und nach diesem noch drei Nullen ansetzen musste, bevor man die Division nach § 4 vornahm.

Damit man aber die letzte Decimale genauer erhalte, sucht man stets eine Decimale mehr als deren verlangt werden, ohne sie aber als wirkliche Decimale zu berücksichtigen, sondern blos um mittelst ihr nach § 3 zu beurtheilen, ob die beizubehaltende vorletzte Decimale unverändert bleiben, oder um 1 vermehrt werden muss, welches Letztere stets geschieht, wenn die als überflüssig gesuchte Stelle eine 5, 6, 7, 8 oder 9 ist.

2) Ist der Divisor ein Decimalbruch, der Dividend aber eine ganze Zahl, so lässt man das Komma im Divisor hinweg (wodurch er zu einer ganzen Zahl wird); hängt aber dem Dividenden ohne Komma rechts so viele Nullen an, als Decimalen der Divisor hatte, worauf man die Division nach § 4 vornimmt. Auf diese Weise sind Divisor und Dividend mit ein und derselben Zahl multiplicirt worden, weshalb der Quotient derselbe bleiben muss. Z. B.: Man soll 32 durch 74,89 dividiren, und den Quotienten bis auf 1000tel (also drei Decimalen) genau bestimmen, so steht die Division: 74,89 | 32

od. 7489 | 3200 | 0,427 (3) . . .
32000   Bis auf 1000tel genau ist
29956   also der gesuchte Quotient
·20440   = 0,427.
14978
·54620
52423
Rest = 21970

3) Ist der Divisor eine ganze Zahl, der Dividend aber ein Decimalbruch, so lässt man das Komma aus dem Dividenden hinweg (wodurch derselbe zu einer ganzen Zahl wird) und hängt dem Divisor rechts noch so viele Nullen an, als Decimalen der Dividend hat, worauf man die Division nach § 4 ausführt, aber auch hier, wie bei allen Divisionsfällen stets eine Decimale mehr sucht, als deren verlangt sind. Z. B.: Man habe mit 789 in 2402,505 zu dividiren, und den Quotienten bis auf drei Decimalen anzugeben, so steht die Division wie folgt:

```
  789 | 2402,505, oder mit
789000 | 2402505 | 3,045 = Quotient.
         2367000
         ··355050
           3550500
           3156000
            3945000    diese 3 Nullen heben sich gegen
            3945       die 3 Nullen des Divisors.
            ····
```

4) Ist aber sowohl der Divisor, wie auch der Dividend ein Decimalbruch, so multiplicirt man Divisor und Dividend mit einer Zahl, welche aus einer 1 mit rechts so viel angehängten Nullen besteht, als Decimalen der Divisor hat, wodurch letzterer zu einer ganzen Zahl wird, mit der man nun nach § 4 zuerst in die Ganzen des Dividenden theilt, und im Quotienten dann das Komma setzt, sobald man die 10tel des Dividenden dem Reste angesetzt, und nun in den so vergrösserten Rest dividirt werden soll, wo man 10tel u. s. f. enthält.

Dieser am häufigsten vorkommende Fall möge durch folgende 3 Beispiele zur Genüge erläutert werden. Z. B. Was wird erhalten, wenn 1) 0,0567 dividirt wird durch 0,03?
  2) 0,0456 „ „ „ 23,578?
  3) 0,8 „ „ „ 0,0059?

Antwort ad 1) 1,89.
 „ ad 2) 0,0019 ...
 „ ad 3) 135,593 ... denn:

Berechnung ad 1) 0,03 in 0,0567
```
                 × 100   × 100
         giebt 003 in 005,67 oder 3 in 5,67
       also 3 | 5,67 | 1,89 Quotient.
                 3··
                 26·
                 24·
                  27
                  27
                  ··
```

Berechnung ad 2) 23,578 in 0,0456
$$\times 1000 \quad \times 1000$$
giebt 23578 in 45,6 | 0,0019... = Quotient.
$$\frac{456}{4560}$$
$$\overline{45600}$$
$$23578$$
$$220220$$
$$212202$$
$$\overline{\cdot\cdot 8018}\ \text{Rest.}$$

Berechnung ad 3) 0,0059 in 0,8
$$\times 10000 \quad \times 10000$$
$$00059 \text{ in } 08000$$
oder 59 in 8000 | 135,593 (2)... = Quotient.
$$59\cdot\cdot$$
$$\overline{210\cdot}$$
$$177\cdot$$
$$\overline{\cdot 330}$$
$$295$$
$$\overline{\cdot 350}$$
$$295$$
$$\overline{\cdot 550}$$
$$531$$
$$\overline{\cdot 190}$$
$$177$$
$$\overline{13}\ \text{Rest.}$$

b) Hat man einen Decimalbruch durch 10, 100, 1000, 10000 u. s. f. zu dividiren, so braucht man das Komma im Dividenden nur um so viele Stellen nach links zurückzusetzen, als Nullen der Divisor hat. Enthält der Dividend gerade noch so viele Stellen links vor dem Komma als der Divisor Nullen hat, so setzt man das Komma links vor die erste Decimale des Dividenden, und links vor das Komma — zum Zeichen, dass keine Ganze vorhanden sind, eine 0. Hat aber der Dividend nicht so viele Stellen vor dem Komma, als Nullen der Divisor enthält, so ersetzt man jede fehlende Stelle links vor den Decimalen durch eine 0, macht vor die vorderste derselben das Komma, und setzt vor dasselbe — zum Zeichen des Nichtvorhandenseins von Ganzen

— noch eine 0. Z. B.: Was giebt, wenn dividirt wird: 23,456, a) durch 10, b) durch 100, und c) durch 10000?

Antwort ad a) 2,3456; ad b) 0,23456, u. ad c) 0,0023456.

6) Die abgekürzte Division der Decimalbrüche, welche sehr vortheilhaft ist, besteht darin, dass man, anstatt dem Reste eine 0 anzuhängen, derselbe unverändert bleibt, dagegen in denselben mit dem um seine niedrigste Stelle beraubten Divisor dividirt wird, wobei jedoch der § 3 in Anwendung kömmt, dass nämlich, wenn die wegzulassende Stelle des Divisors eine 5, 6, 7, 8 od. 9 ist, die darauf folgende im Divisor um 1 vermehrt werden muss, wogegen sie ungeändert bleibt, wenn die hinwegzulassende Stelle eine 0, 1, 2, 3 oder 4 ist. Gesetzt, man habe mit 0,1829374605 zu dividiren in 9,87650004321, so steht die Division wie folgt:

```
       0,1829374605 | 9,87650004321
  oder  1829374605  | 98765000432,1 | 53,9883959044 = Quo-
                      9146873025..                    tient.
                     ·7296270182·
                      5488123815·
                      18081463671
                      16464371445
    182937461 (6) in ·1617092226
                      1463499688
     18293746 (0) in ·153592538
                      146349968
      1829375 (6) in ··7242570
                      5488125
       182937 (4) in  1754445
                      1646433
        18294 (7) in ·108012
                      91470
         1829 (3) in  16542
                      16461
          133 (9) in ···81
           18 (3) in    81
                        72
            2 (8) in   ·9
                        8
                     Rest 1.
```

Anmerkung. Ausser der abgekürzten Division hat man auch die abgekürzte Multiplication, deren Anwendung aber wegen dem zu leichten Irren bei derselben, hier anzugeben, als überflüssig erscheint.

Zugabe. Wie oft sind $156 \frac{789}{3451}$ ₰ enthalten in $206 \frac{9876}{54321}$ ₰?

Antwort. $\frac{206{,}182 \text{ ₰}}{156{,}229 \text{ ₰}} = \frac{206182 \text{ ₰}}{156229 \text{ ₰}}$

also 156229 | 206182 | 1,32 mal beinahe.

$$\begin{array}{r} 156229 \\ \cdot 499530 \\ \hline 468687 \\ \cdot 308430 \\ \hline 312458 \\ \hline \text{fehlen } 0428. \end{array}$$

B. Das Ausziehen (Extrahiren) der Quadratwurzel (V).

§. 11. Was heisst, aus einer Zahl die Quadratwurzel ziehen?

Antwort. Eine Zahl finden, welche mit sich selbst multiplicirt, diejenige Zahl wieder zum Producte (hier zum „Quadrate") giebt, aus welcher die Quadratwurzel (bezeichnet durch $\overset{\shortmid}{V}$ oder blos V) gefunden werden soll?

Was ist zuvörderst zu wissen nöthig, um aus jeder gegebenen Zahl die Quadratwurzel extrahiren (oder ausziehen) zu können?

Antwort. Dass von der Quadratzahl oder

2. Potenz: 1, 4, 9, 25, 36, 49, 64, 81

die V oder 1. Potenz: 1, 2, 3, 5, 6, 7, 8, 9 ist, und man versteht hier unter der 1. Potenz die aufzufindende Quadratwurzel, von welcher das Quadrat (oder die 2. Potenz, d. i. die Zahl, von welcher die Quadratwurzel gefunden werden soll) gegeben ist. So z. B. ist 7 die 1. Potenz oder Quadratwurzel aus der Quadratzahl 49.

Wie verfährt man, um aus jeder gegebenen Zahl die Quadratwurzel ziehen zu können?

Antwort. Vor die gegebene Zahl setzt man

1) das Quadratwurzel-Zeichen ($\sqrt{\ }$), und theilt die hinter (oder unter) demselben stehende Quadratzahl von der rechten zur linken Hand hin in Abtheilungen von je zwei Stellen (Ziffern), wo, wenn die gegebene Zahl eine ungerade Anzahl Stellen, z. B. deren 3, 5, 7, 9, 11 oder 13 u. s. f. hat, die vorderste Abtheilung zur Linken nur aus einer Stelle besteht. Nachdem man

2) die gegebene Zahl so in Classen abgetheilt hat, betrachtet man die erste oder vorderste Classe zur Linken als eine Quadratzahl (oder 2. Potenz) von welcher die Quadratwurzel (oder 1. Potenz) gefunden werden soll, gleich viel ob diese höchste Abtheilung eine wirkliche Quadratzahl ist, oder nicht. Hätte man z. B. die Quadratwurzel aus 734051632 zu ziehen, so würde nach geschehener Abtheilung die 7 die höchste Classe bilden, ohne dass die 7 eine Quadratzahl (oder 2. Potenz ist). Bestände die höchste Classe anstatt der 7, dafür aus einer 9, so würde, weil die 9 das Quadrat (oder die 2. Potenz) von der 3 ist, die 3 auch die erste Stelle der gesuchten Quadratwurzel sein; weil die 7 aber keine 2. Potenz ist, so nimmt man wie in jedem ähnlichen andern Falle, die der höchsten Abtheilung nächst kleinere Quadratzahl, und setzt von dieser die 1. Potenz als höchste Stelle der gesuchten Wurzel hin. Da nun der 7 die 4 als nächst kleinere Quadratzahl vorhergeht, und die 1. Potenz von der Quadratzahl 4 die 2 ist, so muss die 2 auch als die 1. Stelle der gesuchten Quadratwurzel angenommen werden. Nachdem man

3) auf vorbeschriebene Weise die erste Stelle der gesuchten Quadratwurzel gefunden hat, zieht man ihre Quadratzahl (hier also 2.2 = 4) von der höchsten Classe der gegebenen Zahl — hier also von der 7 — ab, und setzt dem hier bleibenden Reste rechts die beiden Stellen der nächstfolgenden niederen Abtheilung oder Classe, hier also die 34, bei. In den so jedesmal durch die nächste Classe vermehrten 100fachen Rest dividirt man nun

4) stets mit Ausserachtlassung der niedrigsten Stelle

des so vergrösserten Restes, mit dem 2fachen des bis jetzt erhaltenen Theils der gesuchten Quadratwurzel, so giebt der nun erhaltene Quotient die 2. Stelle der gesuchten Quadratwurzel. Im hier gewählten Beispiele setzt man zum 1. Reste 3, rechts noch die beiden Stellen der folgenden Classe a) also 34, und dividirt nun mit $2.2 = 4$, anstatt in 334, dafür blos mit 4 in 33, welches hier nicht 8, sondern nur 7 mal geht, und also giebt 7 die 2. Stelle der gesuchten Quadratwurzel. Gesetzt man habe aus 734051632 die Quadratwurzel bis auf 100tel genau, zu finden, so steht die Rechnung:

$$\sqrt{7{,}34\,|\,05\,|\,16\,|\,32{,}00\,|\,00} = 27093{,}38\ldots$$

ab $2 \cdot 2 = 4 \mid a \mid b \mid c \mid d \mid e \mid f$

$2.2 = 4_7$ in $3\,34$
ab $47.7 = 3\,29$ b
$2.47 = 94_0$ in $\cdot\,505$
ab $0.940 = 0$ c
$2.270 = 540_9$ in 50516
ab $9.5409 = 48681$ d
$2.2709 = 5418_3$ in 183532
ab $3.54183 = 162549$ e
$2.27093 = 54186_3$ in $\cdot\,2098300$
ab $3.541863 = 1625589$ f
$2.270933 = 541866_3$ in $\cdot\,47271100$
ab $8.5418668 = 43349344$
Rest $= \cdot\,3921756$

5) Diese gefundene neue Stelle der gesuchten Quadratwurzel setzt man nun stets dem letzten Divisor — hier also die 7 der 4 — rechts und etwas tiefer, bei, worauf man den so vergrösserten Divisor mit dem zuletzt erhaltenen Quotienten multiplicirt, und dies Produkt vom Dividenden subtrahirt, so ist das Geschäft der Quadratwurzel-Ausziehung Einmal vollendet. In vorstehendem Beispiele subtrahirt man also vom Dividenden 334 das Produkt von $47.7 = 329$, und es bleiben 5 als Rest. Zu diesem Reste setzt man nun

6) die folgende Classenabtheilung b) also 05, rechts bei, und dividirt mit dem 2fachen des bis jetzt gefundenen Theiles der gesuchten Quadratwurzel — hier also mit $2.27 = 54$

— statt in 505, dafür blos in 50, was 0 mal geht, also ist 0 die dritte Stelle der gesuchten Quadratwurzel. Dieser Quotient 0 wird nun dem Divisor 2.47 = 54 rechts angesetzt, und 540.0 = 0 von 505 subtrahirt, wo 505 Rest bleiben, welchem man nun

7) die folgende Classe c) hier 16, rechts beisetzt, und mit dem 2fachen des bis jetzt gefundenen Theils der gesuchten Quadratwurzel (hier also mit 2.270 = 540 in 5051(6) dividirt, wo man 9 zum Quotienten und als 4. Stelle der gesuchten Quadratwurzel erhält. Diesen Quotienten 9 dem Divisor 540 rechts beigesetzt, dann den so vergrösserten Divisor 5409 mit 9 multiplicirt, und das so erhaltene Produkt 48681 vom Dividenden 50516 subtrahirt, lässt den Rest 1835. Setzt man nun

8) wie bisher in No. 5, 6 und 7 zum erhaltenen Reste 1835 die folgende Classe d. hier also 32, und dividirt den 10. Theil des so vergrösserten Restes (also 18353 anstatt 183532) wie bisher durch das 2fache der bis jetzt gefundenen Quadratwurzel (hier also mit 2.2709 = 5418, so giebt der Quotient 3 eine neue Stelle der gesuchten Quadratwurzel. Setzt man diesen Quotienten 3 rechts dem Divisor bei, also 54183, und subtrahirt den 3fachen so vergrösserten Divisor, also 54183.3 = 162549, vom Dividenden 183532, so bleiben 20983 als Rest. Da nun

9) die Quadratwurzel bis auf zwei Decimalen genau bestimmt werden sollte, so mussten für diese zwei Decimalen der gegebenen Quadratzahl hinter einem Komma noch 2 Paare von Nullen angesetzt, und dann das Geschäft der Extraktion von No. 4—6 wiederholt werden (s. §. 12).

Weil nun die sämmtlichen Classen der gegebenen Zahl, aus welcher die Quadratwurzel gezogen werden sollte, verbraucht und zuletzt ein Rest geblieben ist, so folgt, dass die gesuchte Quadratwurzel zwischen der bereits gefundenen und der nun eine ganze Einheit grösseren Wurzel liegt. Um sich nun der wahren Wurzel bis zu irgend einer Grenze, z. B. bis auf so und soviel Decimalen, zu nähern, braucht man nur für jede Decimale der gesuchten Wurzel der gegebenen Zahl hinter einem Komma noch soviele Nullenpaare anzusetzen, als Decimalen der gesuchten Quadratwurzel man verlangt. In obigem Beispiele wurden der gegebenen Zahl 734051632 — weil die Quadratwurzel bis auf 100tel (also zwei Decimalen) genau gefunden werden sollte, auch hinter einem Komma zwei Paare Nullen rechts angehängt, und das Geschäft der Extraktion nach No. 4 fortgesetzt, bis alle Nullen-Paare in Rechnung gezogen, und in obigem Beispiele zu ersehen ist.

Das hier beschriebene Verfahren zum Auffinden der Quadratwurzel ist das einfachste, bequemste und schnellste, wenn gleich die ausführliche Beschreibung obigen ziemlich grossen Beispieles etwas umständlich zu sein scheint.

Die Probe über die Richtigkeit der gefundenen Quadratwurzel besteht ganz einfach darin, dass, wenn man den letzten Rest zu der mit sich selbst multiplicirten gefundenen Quadratwurzel addirt, man die gegebene Zahl genau wieder erhalten muss, aus welcher die Quadratwurzel gezogen worden ist. Sie giebt in obigem Beispiele $27093{,}38 \times 27093{,}38 + 3921756 = 734051239{,}8244 + 3921756 = 734051632{,}0000 = 734051632$ genau wieder.

Der zuletzt übrig bleibende Rest darf höchstens nur das Doppelte der gefundenen Quadratwurzel betragen; ist er grösser, so ist die gefundene Quadratwurzel falsch. — Geht hingegen zuletzt Alles auf — d. h. bleibt bei der letzten Subtraktion kein Rest —, so muss die mit sich selbst multiplicirte gefundene Wurzel genau die gegebene Quadratzahl zum Produkte geben.

§. 12. **Wie wird aus einem Decimalbruche die Quadratwurzel gezogen?**

Antwort. Enthält der Decimalbruch, aus welchem die Quadratwurzel gezogen werden soll, eine ungerade Anzahl Decimalstellen (z. B. 1, 3, 5, 7 u. s. f. Stellen), so hängt man der letzten oder niedrigsten Decimale eine 0 an, theilt hierauf die Decimalen und die demselben allenfalls vorangehenden Ganzen, von der Rechten zur Linken in Gruppen von je zwei Stellen, und zieht dann nach vorigem §. 11 aus dem ganzen Decimalbruche die gesuchte Quadratwurzel: z. B. Welches ist die Quadratwurzel aus 974,169?

Antwort. 31,21..., denn:

— 26 —

Berechnung. $\sqrt{9{,}74{,}16{,}90} = 31{,}21\ldots$
ab 3.3 = 9
2.3 = 6₁ in · 74
    ab 61 = 61.1
2.31 = 62₂ in 1316
    ab 1244 = 622.2
2.312 = 624₁ ··7290
    ab 6241 = 6241.1
    Rest = 1049.

Hier ist die Quadratwurzel bis auf 100tel (oder zwei Decimalstellen) genau gefunden; für jede Decimale mehr, muss man jedem folgendem Reste ein Paar Nullen rechts ansetzen, und dann die folgende neue Decimale wie bisher nach No. 3 und 4 des § 11 suchen.

Welches ist die Quadratwurzel aus 0,974169?

Antwort. 0,987, genau, denn:
Berechnung. $\sqrt{0{,}97{,}41{,}69} = 0{,}987$.
ab 0.0 = 0
    $\sqrt{97}$ ..
    ab 9.9 = 81 ..
2.09 = 18₉ in 1641 .
    ab 1504 = 188.8
2.98 = 196₇ in 13769
    ab 13769 = 1967.7

Erklärung. Nachdem hier aus 0 Ganzen die Quadratwurzel 0 Ganze gefunden ist, muss man die 1. Classe der Decimalen — hier 97 — herabnehmen, und aus ihrer Zahl die Quadratwurzel ziehen, welches eine 9 $\left(= \frac{9}{10}\right)$ ist, und im Uebrigen ganz so wie im vorhergehenden Beispiele fortfahren. Da nun hier zuletzt Alles aufgeht, so ist dies ein Beweis, dass 0,974169 eine vollständige Quadratzahl, und 0,987 die vollständig gefundene 1. Potenz ist. Ganz ebenso verfährt man, wenn die Quadratwurzel aus 0,00000625 gezogen werden soll, welche man ebenfalls vollständig und = 0,0025 findet, denn:

Berechnung. $\sqrt{0{,}00\ 00\ 06\ 25} = 0{,}0025$.
ab 0.0 = 0

$\sqrt{00}\ \ldots$ Es ist also genau
ab 0.0 = 0 ... $0{,}0025 \times 0{,}0025 =$
$\cdot\sqrt{00}\ \ldots$ 0,00000625 eine voll-
ab 0.0 = 0 .. ständige Quadratzahl.
$\sqrt{06}$.
ab 2.2 = 4 .
2.2 = 4$_5$ in 225
$\phantom{2.2 = 4_5\ \text{in}}$ ab 225 = 455.

Hat man aus einer ganzen Zahl, welche aber keine vollständige Quadratzahl ist, die Quadratwurzel zu ziehen, und zwar wie im § 11 bis auf eine bestimmte Anzahl Decimalen, so setzt man hinter diese Zahl ein Komma, und nach demselben noch so viele Paare von Nullen, als Decimalen der gesuchten Quadratwurzel verlangt werden, worauf man ganz so, wie bisher verfährt. Z. B.: Welches ist bis auf 1000tel genau, die Quadratwurzel aus 41?

Antwort. 6,403..., denn:
Berechnung. $\sqrt{41{,}00\,00\,00} = 6{,}403\ldots$
ab 6.6 = 36

2.6 = 12$_4$ in ·500 .. | Probe.
$\phantom{2.6 = 12_4\ \text{in}}$ ab 496 = 124.4 | 6,403 × 6,403
2.64 = 128$_0$ in ··400 . | = 40,998409
$\phantom{2.64 = 128_0\ \text{in}}$ ab 0 = 1280.0 | + Rest 1591
2.640 = 1280$_3$ in 40000 | 41,000000
$\phantom{2.640 = 1280_3\ \text{in}}$ ab 38409 = 12803.3 | wie es sein
$\phantom{2.640 = 1280_3\ \text{in}}$ Rest ·1591 | muss.

§ 13. Wie wird aus jedem gemeinen Bruche die Quadratwurzel gezogen?

Antwort. Ist es 1) ein ächter Bruch, so zieht man, falls sein Zähler und Nenner, jeder eine vollständige Quadratzahl ist, die Quadratwurzel aus dem Zähler, wie auch aus dem Nenner, so giebt die Quadratwurzel aus dem Zähler, den Zähler, und die aus dem Nenner, den Nenner der

gesuchten Quadratwurzel. Hiernach z. B. giebt
$$\sqrt{\tfrac{25}{64}} = \frac{\sqrt{25}}{\sqrt{64}} = \frac{5}{8}.$$

2) Ist aber der Zähler oder der Nenner, oder sind beide, Zähler und Nenner keine vollständigen Quadratzahlen (also Irrational- oder surdische Zahlen), so verwandelt man einen solchen Bruch zuvor nach § 4 in einen Decimalbruch mit so viel Paaren von Decimalstellen, als Stellen der gesuchten Quadratwurzel man finden will. So z. B. giebt $\sqrt{\tfrac{7}{8}}$ bis auf drei Decimalen (oder 1000tel) genau, $= \sqrt{0{,}875}$ $= \sqrt{0{,}875000} = 0{,}935\ldots$, denn:

Berechnung. $\sqrt{0{,}87\,50\,00} = 0{,}935\ldots$
ab 0.0 = 0
$\sqrt{87}\ldots$ Probe.
ab 9.9 = 81 . . $0{,}935 \times 0{,}935$
2.9 = 18_3 in .650 . $0{,}874225$
    ab 549 = 183.3   +Rest = 775
2.93 = 186_5 in 101 00 $0{,}875000 =$
     ab 9325 = 1865.5 $\tfrac{875}{1000} = \tfrac{7}{8}.$
     Rest . 775

Soll aber 3) aus einem ge- oder vermischten Bruche, wie auch aus einem zusammengesetzten Bruche die Quadratwurzel gezogen werden, so verwandelt man einen solchen Bruch zuerst in einen reinen Bruch, und verfährt mit diesem nach No. 1 oder 2 dieses §s. Hiernach z. B. giebt

$$\sqrt{1\tfrac{11}{25}} = \sqrt{\tfrac{36}{25}} = \frac{\sqrt{36}}{\sqrt{25}} = \frac{6}{5} = 1^{1}/_{5} = \sqrt{1\tfrac{11}{25}}.\quad \text{Ferner}$$

$$\sqrt{\tfrac{7\tfrac{1}{2}}{9\tfrac{1}{7}}} = \sqrt{\tfrac{\tfrac{15}{2}}{\tfrac{64}{7}}} = \sqrt{\tfrac{15.7}{64.2}} = \sqrt{\tfrac{105}{128}} = \sqrt{0{,}8203125}$$

— 29 —

```
= 0,906 ca. denn: √0,82 03 12 50 = 0,906 (beinahe)
   ab 0.0 = 0 |⌣|⌣|⌣|⌣
                √82 . .         Die gesuchte Quadrat-
        ab 9.9 = 81 . .         wurzel ist also sehr an-
        2.9 = 18₀ in  ˙103 .    näherud = 0,906.
                ab  0 = 180.0
        2.90 = 180₆ in 103 12
                ab     103 36
                fehlen  5 24
```

C. Das Extrahiren (Ausziehen) der Cubikwurzel ($\sqrt[3]{}$).

§ 14. Was heisst aus einer Zahl die Cubikwurzel ziehen, und wie geschieht dies?

Antwort. Eine Zahl finden, welche mit ihrem Quadrate (oder 2. Potenz) multiplicirt, diejenige Zahl wieder zum Produkte (hier zum Cubus oder zur 3. Potenz) giebt, aus welcher man die Cubikwurzel (bez. durch $\sqrt[3]{}$) oder 1. Potenz finden soll.

Um aber aus jeder gegebenen Zahl die Cubikwurzel ausziehen zu können, muss man sich gut eingeprägt haben, dass v. d. Cubikzahl od. 3. Potz. 1, 8, 27, 64, 125, 216, 343, 512 u. 729 die $\sqrt[3]{}$ od. 1. Potenz ist 1, 2, 3, 4, 5, 6, 7, 8, 9.

Unter der 1. Potenz versteht man hier also die aufzufindende Cubikwurzel, von welcher der Cubus (hier die Cubikzahl) oder die Zahl, aus welcher die Cubikwurzel durch Rechnung ermittelt werden soll, gegeben ist.

Das Verfahren zum Auffinden der Cubikwurzel aus einer ganzen Zahl ist folgendes:

1) Links vor die gegebene Zahl setzt man das Cubik-Wurzelzeichen ($\sqrt[3]{}$, welches aus einem kleinen lat. r entstanden ist), und theilt die hinter demselben stehende Zahl von der rechten zur linken Hand hin in Classen von je drei Stellen, wobei die letzte oder vorderste Classe zur Linken

auch nur aus zwei oder einer Stelle bestehen kann. Gesetzt, man habe aus der Zahl: 224090973224 die Cubikwurzel zu ziehen, so steht diese Zahl abgetheilt, wie folgt:

$$\sqrt[3]{224|090|973|224}.$$

In soviele Classen die gegebene Zahl sich abtheilen lässt, ebensoviele Stellen enthält die zu findende Cubikwurzel, welche hier **vier** Stellen enthalten muss.

2) Nachdem man die gegebene Zahl auf vorbeschriebene Weise in Classen abgetheilt hat, betrachtet man die 1. dieser Abtheilungen hinter dem Wurzelzeichen (hier also 224) als eine Cubikzahl (oder 3. Potenz), von welcher die 1. Potenz gefunden werden soll, gleichviel, ob diese höchste Classe eine von den ersten neun Cubikzahlen (1, 8, 25, 64, 125, 216, 343, 512 u. 729) ist, oder nicht. Im hier gewählten Beispiele ist die höchste Abtheilung 224, welches aber keine Cubikzahl oder vollständige 3. Potenz ist. Wäre es anstatt 224, dafür 216, oder 343, so würde, weil 216 die 3. Potenz von 6, dagegen 343 die 3. Potenz von 7 ist, im ersteren Falle die 6, im letzteren aber die 7 auch die 1. Stelle der gesuchten Cubikwurzel sein; weil aber 224 keine vollständige 3. Potenz ist, so nimmt man — wie in jedem ähnlichen anderen Falle — die der höchsten Classe nächst **kleinere** Cubikzahl (hier also 216) und setzt von dieser die 1. Potenz als höchste Stelle der gesuchten Cubikwurzel hin. Da nun der 224 die 216 als nächst **kleinere** vollständige Cubikzahl vorhergeht, und die 6 die 1. Potenz von 216 ist, so muss die 6 auch als die 1. Stelle der gesuchten Cubikwurzel genommen werden.

3) Nachdem auf diese Weise die 1. Stelle der gesuchten Cubikwurzel gefunden ist, subtrahirt man ihre 3. Potenz (hier also $6.6.6 = 6^3 = 216$ von der höchsten Classe der gegebenen Zahl — hier also 216 von 224 —, und setzt dem hier bleibenden Reste 8 rechts die 1. Stelle der nächstfolgenden Classe (hier also die 0 der 2. Classe 090) bei, worauf man

4) in den so vergrösserten Rest stets mit dem 3fachen Quadrate der bereits gefundenen 1. Stelle der gesuchten Cubikwurzel dividirt, so giebt der entsprechend erhaltene

Quotient die 2. Stelle der gesuchten Cubikwurzel, welche im hier gewählten Beispiele $\frac{80}{3.6.6} = \frac{80}{108} = 0$ gefunden wird. Man subtrahirt nun das Produkt der erhaltenen 2. Stelle der gesuchten Cubikwurzel mit dem Divisor multiplicirt, von vorigem vergrösserten Reste (hier also von 80 ab 108.0 = 0 — und setzt dem nun bleibenden Reste die 2. Stelle der Classe 090, hier also die 9 rechts an, worauf man

5) stets von dem so vergrösserten Reste subtrahirt: das 3fache Produkt des 1. Theils der gefundenen Wurzel mit dem Quadrate des 2. Theils der bisjetzt gefundenen Wurzel multiplicirt. Im vorstehenden Beispiele subtrahirt man also $3.6.0^2 = 0$ von 809, bleibt 809. Dem hier bleibenden Reste setzt man

6) die nächstfolgende Stelle der 2. Klasse rechts bei, und subtrahirt von dem so vergrösserten Reste hier also von 8090) die 3. Potenz (oder Cubikzahl) der zuletzt gefundenen Stellen der gesuchten Cubikwurzel, so ist das Geschäft der Cubik-Wurzelausziehung Einmal vollzogen, und falls keine Stellen der gegebenen Zahl herunter zunehmen mehr vorkommen, auch beendet, und die gesuchte Cubikwurzel gefunden. Sind aber, wie in nachstehendem Beispiele noch nicht alle Stellen der gegeben Zahl in Rechnung gebracht, so ist natürlich auch die gesuchte Cubikwurzel noch nicht vollständig gefunden, weshalb man die bisher beschriebene Operation von No. 4—6 ab, wiederholen muss, um eine neue (3.) Stelle der gesuchten Cubikwurzel zu finden.

Daher:

$$\sqrt[3]{224\,090\,973\,224} = 6074 \text{ die ge-}$$

```
          ab 6.6.6 = 216         suchte vollständige
3.6² = 3.36 = 108 in  ··80·········Cubikwurzel.
          ab 108.0 =      0·······
              bleibt    809·······
         ab 3.6.0² =      0·······
              bleibt   8090·······
              ab 0³ =      0·······
      3.60² = 10800 in  80909.*)···
         ab 10800.7 =  75600······
              bleibt   53097·····
   ab 3.60.7² = 180.49 = 8820····
              bleibt   442773···
              ab 7³ =    343···
    3.607² = 1105347 in 442430 2··
       ab 1105347.4 = 4421388··
                      ···29142·
         ab 3.607.4² = 29136·
              bleibt ····64
              ab 4³ =   64
                        ··
```

7) Um aber, so oft das Geschäft der Cubikwurzel-Extraktion vollendet ist, noch eine fernere neue Stelle der gesuchten Cubikwurzel zu erhalten, muss man stets die bisher erhaltenen Stellen der gesuchten Cubikwurzel als ihren 1. Theil betrachten, und mit ihrem 3fachen Quadrate in den um eine Stelle der gegebenen Cubikzahl vergrösserten Rest, oder um drei Stellen der gegebenen Zahl vermehrten Rest, wenn die zuletzt erhaltene Stelle der gesuchten Cubikwurzel eine 0 ist, dividiren, u. s. f. Geht nun, nachdem alle Stellen der gegebenen Zahl in Rechnung gezogen sind, die letzte Subtraktion auf (wie im vorstehenden Beispiele), so ist die gegebene Zahl eine vollständige Cubikzahl oder 3. Potenz, und man hat

---

*) Sobald man für irgend eine Stelle der gesuchten Cubikwurzel durch Division 0 erhält, nimmt man sofort die drei folgenden Stellen in der gegebenen Zahl rechts zum letzten Reste (hier also 909 dem Reste 80 angesetzt), und dividirt nun mit dem 3fachen Quadrate des bis jetzt gefundenen Wurzeltheils in den 1000 mal grössern Rest.

zugleich die gesuchte Cubikwurzel (im obigen Beispiele 6074) vollständig gefunden, so, dass $6074^3 = 6074 \cdot 6074 \cdot 6074 = 224090973224$, d. i. die gegebene Cubikzahl, genau wieder giebt. Geht aber zuletzt nicht Alles vollständig auf, so ist die gegebene Zahl auch keine vollständige 3. Potenz, sondern eine Irrationalzahl.

Der zuletzt bleibende Rest einer vollendeten Cubik-Wurzelextraktion darf nie grösser sein, als das 3fache Quadrat der gefundenen Cubikwurzel + der 3fachen gefundenen Wurzel selbst; ist ein solcher Rest auch nur um 1 grösser, so hat man falsch gerechnet. Zieht man z. B. aus 12166 die Cubikwurzel, so findet man für dieselbe 22, und es bleibt

nämlich $\sqrt[3]{12{,}166} = 22$ Cubikwurzel.

ab $2^3 =$ 8 ...	zuletzt als Rest 1518, welcher zugleich die möglichste Grösse hat, denn es ist $1518 = 3 \cdot 22^2 + 3 \cdot 22 = 3 \cdot 484 + 66 = 1452 + 66$.
$3 \cdot 2^2 = 12$ in 41 ..	
24 ..	
176 .	
ab $3 \cdot 2 \cdot 2^2 =$ 24 .	
1526	
ab $2^3 =$ 8	
Rest $=$ 1518	

§. 15) Wie verfährt man, um sich dem wahren Werthe einer gesuchten Cubikwurzel aus einer Irrationalzahl bis zu einer vorgeschriebenen Grenze mittelst Decimalen, nähern zu können?

Antwort. Man setzt hinter die gegebene Irrationalzahl ein Komma, nach demselben aber noch 3mal soviele Nullen, als Decimalen man für die gesuchte Cubikwurzel finden will, und beginnt nun das Geschäft des Wurzelausziehens, wobei zu bemerken ist, dass das Komma dann in der zu findenden Cubikwurzel gesetzt werden muss, so bald die letzten Ganzen der gegebenen Cubikzahl in Rechnung gebracht sind. Z. B. Man habe die Cubikwurzel aus der Irrationalzahl 83 bis auf 100tel (als zwei Decimalen) genau, zu bestimmen, so setzt man hinter die 83 ein Komma, hinter dasselbe (wegen der zwei Decimalen) noch $2 \cdot 3 = 6$ Nullen, und beginnt nun die Cubikwurzelextraktion wie folgt, wo man für $\sqrt[3]{83}$ die Wurzel 4,36 bis auf 100tel genau findet.

— 34 —

$$\text{denn: } \sqrt[3]{83'000'000} = 4,36\ldots \text{ d. gesuchte Cubikwurzel.}$$

```
ab 4³   =    64|...|...
3.4²  = 48 in 190 . . . .
                144 . . . . .
                 460 . . . .
ab 3.4.3² =   108 . . . .
               3520 . . .
   ab 3³ =     27 . . .
3.43² = 5547|34930 . .
             33282 . .
             16480 .
ab 3.43.6² = 4644
            118360
  ab 6³ = 6.6.6 = 216
      Rest =   118144
```

Die Probe besteht darin, dass man zur 3. Potenz der gefundenen Wurzel noch den allenfalls gebliebenen letzten Rest addirt wo die Summe zum Beweise der richtigen Extraktion genau die gegebene Zahl hervorbringen muss, aus der man die Cubikwurzel gezogen hat. Es muss also für vorstehendes Beispiel sein:

$4,36^3 + 118144 = 4,36 \times 4,36 \times 4,36 + 118144 = 83,000000$, oder 83, wie auch gefunden wird.

§. 16. Wie wird die Cubikwurzel aus einem Decimalbruche gefunden?

Antwort. Hat derselbe keine durch 3 ohne Rest theilbare Anzahl Decimalstellen (d. h. bestehen dieselben nicht aus 3, 6, 9, 12 u. s. f. Stellen), so muss man die fehlenden zu einer solchen Stellenzahl stets durch rechts angehängte Nullen ergänzen, um die Decimalen genau in Gruppen von je drei Stellen abtheilen zu können, worauf auch die allenfalls vorkommenden Ganzen vom Komma ab in 3stellige Gruppen gebracht werden. Hierauf zieht man die Cubikwurzel, soweit es angeht, zuerst aus den Ganzen des Decimalbruches, setzt dann, bevor man die 1. Decimale zum entsprechenden Reste herabnimmt, hinter die gefundenen Ganzen der gesuchten Cubikwurzel das Komma,

$$\sqrt[3]{13,473\,600} = 2,37\ldots$$

```
         ab 2³ =     8 |...|...
         3.2² =  12 in 54 .. ...
                    36 .. ...
                   ─────────
                    187 . ...
       ab 3.2.3² =   54 . ...
                   ─────────
                    1333 ...
          ab 3³ =    27 ...
                   ─────────
         3.23² = 1587|13066 ..
                    |11109 ..
                   ─────────
                    19570 .
       ab 3.23.7² =  3381 .
                   ─────────
                    161890
          ab 7³ =    343
                   ─────────
          Rest =    161547
```

worauf man die Extraktion nach § 14 und 15 bis zu Ende führt, wie an vorstehendem Beispiele zu ersehen ist, wo man die Cubikwurzel aus 13,4736 bis auf 100tel genau sucht, und für dieselbe 2,37 .˙. . findet, und es ist $2,37^3 + 161547 = 13,4736$.

Welches ist die Cubikwurzel aus 0,000000015625?
Antwort. 0,0025 genau, denn:

$$\sqrt[3]{0,000\,000\,015\,625} = 0,0025.$$

```
       0³ =     0 .|. |. |. |...
                ─────────
              ³√000 . . ...
      ab 0³ =     0 . . ...
                ─────────
              ³√000 ...
      ab 0³ =     0 ...
                ─────────
              ³√015 ..
      ab 2³ =     8 ..
     3.2² = 12 in 76 .
    ab 5.12 =    60 .
                ─────────
                  162 .
    ab 3.2.5² =  150 .
                ─────────
                  125
      ab 5³ =    125
                ─────────
                  ...
```

§ 17. Wie wird die Cubikwurzel aus jedem gemeinen Bruch, (sei derselbe ein ächter, ein vermischter oder ein zusammengesetzter) gezogen?

Antwort. Man verwandelt den vermischten wie auch den zusammengesetzten Bruch zuvor in einen reinen, resp. unächten Bruch, und zieht sodann die Cubikwurzel aus Zähler und Nenner. Z. B.:

1) Welches ist die Cubikwurzel aus $\frac{512}{729}$?

Antwort. $\sqrt[3]{\frac{512}{729}} = \frac{\sqrt[3]{512}}{\sqrt[3]{729}} = \frac{8}{9}$, also $\frac{8}{9}$.

Ist aber der Zähler oder der Nenner, oder sind beide (Zähler und Nenner) Irrationalzahlen, so verwandelt man einen solchen Bruch in einen Decimalbruch mit 6 oder 9 Decimalen, und zieht dann aus demselben nach vorigem § 16 die Cubikwurzel. Z. B.:

2) Welches ist die Cubikwurzel bis auf 100tel genau, aus $147 \frac{3}{11}$?

Antwort. 5,28 . . ., denn:

Berechnung. $\sqrt[3]{147^3/_{11}} = \sqrt[3]{147{,}272727\ldots}$ daher:

$\sqrt[3]{147{,}272727} = 5{,}28\ldots$

ab $5^3 = 125\ldots\ldots$
$3\cdot 5^2 = 75$ in $\overline{222\ldots\ldots}$
$\phantom{3\cdot 5^2 = 75\text{ in }}150\ldots\ldots$
$\phantom{3\cdot 5^2 = 75\text{ in }}\cdot 727\ldots\ldots$
ab $3\cdot 5\cdot 2^2 = 60\ldots\ldots$
$\phantom{\text{ab }3\cdot 5\cdot 2^2 = }6672\ldots$
ab $2^3 = 8\ldots$
$3\cdot 52^2 = 8112$ in $\overline{66647\ldots}$
$\phantom{3\cdot 52^2 = 8112\text{ in }}64896\ldots$
$\phantom{3\cdot 52^2 = 8112\text{ in }}\cdot 17512\ldots$
ab $3\cdot 52\cdot 8^2 = 9984\ldots$
$\phantom{\text{ab }3\cdot 52\cdot 8^2 = }\overline{75287}$
ab $8^3 = 512$
Rest $= 74775$

Probe. $5{,}28^3 +$
$147{,}2727\ldots 74775 =$
$147{,}272727\ldots$
$= 147 \frac{3}{11}$.

3) Welches ist die Cubikwurzel aus $\dfrac{4\frac{1}{2}}{\frac{15}{23}}$, bis auf 100tel genau?

Antwort. 1,91 . . ., denn:

Berechnung. $\dfrac{4\frac{1}{2}}{\frac{15}{23}} = \dfrac{\frac{9}{2}}{\frac{15}{23}} = \dfrac{9.23}{15.2} = \dfrac{3.23}{5.2} = \dfrac{69}{10} =$

6,9, daher: $\sqrt[3]{6{,}900|000} = 1{,}91 \ldots$

```
            1³ = 1|...|..
      3.1² = 3 in |59....
                  |27....
                   320...
    ab 3.1.9² =  243...
                  770....
         ab 9³ = 729....
    3.19² = 361 |·410...
                | 361...
                 ·490..
   ab 3.19.1² = 57..
                4330.
         ab 1³ =   1.
           Rest = 4329
```

Probe.
$1{,}91^3 + 4329 =$
6,9, wie es sein
muss.

4) Welches ist die Cubikwurzel aus $\dfrac{13}{512}$ bis auf 10000tel genau?

Antwort. 0,2982 . . ., denn:

Berechnung. Da $\dfrac{13}{512} = 0{,}0251953125$, so ist

$$\sqrt[3]{\tfrac{13}{512}} = \sqrt[3]{0,025\,195\,312\,500} = 0,2982\ldots$$

$$
\begin{array}{rl}
\text{ab } 0^3 = & 0 \\
& \sqrt[3]{025} \\
\text{ab } 2^3 = & 8 \\
3.2^2 = 12 \text{ in} & |\;171 \\
& \;\;108 \\
& \;\;\;\;039 \\
\text{ab } 3.2.9^2 = & 486 \\
& 1535 \\
\text{ab } 9^3 = & 729 \\
3.29^2 = 841 \text{ in} & |\;8063 \\
& \;\;6728 \\
& \;\;1335\dot{1} \\
\text{ab } 3.29.8^2 = & 5568 \\
& 77832 \\
\text{ab } 8^3 = & 512 \\
3.298^2 = 266412 & |\;773205 \\
& \;\;532824 \\
& \;\;240381\dot{0} \\
\text{ab } 3.298.2^2 = & 3576 \\
& 2400234\dot{0} \\
\text{ab } 2^3 = & 8 \\
\text{Rest} = & 2400233\dot{2}
\end{array}
$$

Der Bruch $\tfrac{13}{512}$ gab den vollständigen Decimalbruch 0,0251953125 von 10 Decimalen, welchen noch 2 Nullen angehängt werden mussten, um bis auf 10000 genau die Cubikwurzel zu erhalten.

D. Das mit d. J. 1872 im ganzen norddeutschen Bunde in alleinige Anwendung gekommene metrische (10theilige) Maass u. Gewicht, in Vergleichung mit preuss. etc. Maasse u. Gewichte.

§ 18. Das metr. Längenmaass. Der Meter (oder Stab) bildet die Einheit, und ist der 40millionste Theil des ganzen

Erdumfanges. — Die auf- und absteigende Eintheilung des Meters aber, ist folgende:

1 Degré (bez. d. Dgr.) = 10 Myriameter (bez. d. Mm.) à 10 Kilometer (bez. d. Km.) à 10 Hektometer (bez. d. Hm.) à 10 Dekameter (bez. d. Dm. u. heisst Kette) à 10 Meter (bez. d. m.) à 10 Decimeter (bez. d. dm.) à 10 Centimeter (bez. d. cm., heisst d. Neu-Zoll) à 10 Millimeter (bez. d. mm, u. heisst der Strich).

Nach dieser Eintheilung ist:

1 Millimeter $= \frac{1}{10} = 0{,}1$ Centimeter;

1 Centimeter $= \frac{1}{10} = 0{,}1$ Decimeter;

1 Decimeter $= \frac{1}{10} = 0{,}1$ Meter;

1 Meter $= \frac{1}{10} = 0{,}1$ Dekameter;

1 Dekameter $= \frac{1}{10} = 0{,}1$ Hektometer;

1 Hektometer $= \frac{1}{10} = 0{,}1$ Kilometer;

1 Kilometer $= \frac{1}{10} = 0{,}1$ Myriameter, u.

1 Myriameter $= \frac{1}{10} = 0{,}1$ Degré.

Ferner sind: 7500 Meter = 750 Dekameter = 75 Hektometer = 7,5 (= 7½) Kilometer = 1 Neu-Meile.

Es ist also 1 Meter = 10 Decimeter = 10.10 = 100 Centimeter = 10.10.10 = 1000 Millimeter.

Ebenso ist 1 Kilometer = 10 Hektometer = 10.10 = 100 Dekameter = 10.10.10 = 1000 Meter. — 1 Hektometer = 10 Dekameter = 10.10 = 100 Meter.

Ausserdem sind 100000 Meter = 10000 Dekameter = 1000 Hektometer = 100 Kilometer = 10 Myriameter = 1 Degré.

Nach bisherigem preussischem Werk- oder 12theiligem Maasse, nach welchem 1 preuss. Ruthe = 12 Fuss zu 12 Zoll à 12 Linien à 12 Strich hat, beträgt 1 Meter = $\frac{16}{5}$

preuss. Fuss, d. s. 3 Fuss 2 Zoll u. 4,8 Linien Werkmaass = 1½ Berliner Elle (beinahe).

1 Centimeter (cm) oder Neu-Zoll = 4,5881 preuss. Werklinien.

Anstatt der bisherigen preuss. oder berliner etc. Elle u. preuss. etc. Werkfuss, dient v. J. 1872 ab, in fast ganz Deutschland (besonders dem norddeutschen Bunde) der Meter (oder Stab) als Längeneinheit, u. zwar ½ Mtr. als Elle.

Es betragen nun:

1 preuss. Meile = $1\frac{1}{230}$ Neu-Meilen.

1 Neu-Meile = $\frac{230}{231}$ preuss. Meilen.

1 preuss. Ruthe = 3 Meter 76 Centimeter u. 6,2425 Millimeter.
3 preuss. Ruthen = 8 Dekameter, (Ketten) = 80 Meter.
$^3/_8$ preuss. Ruthen = 10 Meter oder 1 Dekameter (Kette).
1 preuss. Elle (von 25½ preuss. Werkzoll) = 0,667 = $^2/_3$ Meter ca., also
3 preuss. Ellen = 2 Meter (ca.).
1 do. Fuss Werkm. = 0,319 Meter.
1 do. Zoll „ = 2 Centimeter u. 6,15 Millimeter.
3 do. Zoll = 0,08 m = 8 Centimeter.
1 preuss. Linie = 2,18 Millimeter.
11 do. Linien = 24 Millimeter = 2 Centim. 4 Millim.
$\frac{11}{24}$ do. Linien = 1 Millimeter.

Ferner ist:

1 badischer und schweizer Fuss = 0,3 m = 30 Centim.
1 badische u. schweiz. Elle = 0,6 m.
1 bairischer Fuss = 0,292 Meter.
1 bairische Elle = 0,833 Meter.
1 Meter (m) = 3,4263 bair. Fuss.
1 darmstädter Fuss = 0,25 m.
1 do. Elle = 0,6 m.
1 Meter = 4 darmstädt. Fuss.
1 englischer u. russischer Fuss = 0,305 m = 30½ Centimtr.
1 englische Elle (Yard) = 0,914 m.
1 Meter = 3,281 engl. Fuss.
1 österreich. Fuss = 0,316 m.

1 österr. Elle = 0,779 m.
1 Meter = 3,164 österr. Fuss.
1 do. = 3,186 preuss. Fuss.
1 würtemberg. Fuss = 0,287 m.
1 do. Elle = 0,614 m.
1 Meter = 3,491 würtemb. Fuss.

Da die metrischen Längenmaasse stets in Meter-Decimalbrüchen gegeben werden, so steht hinter den ganzen Metern stets der Decimalstrich (das Komma), u. es heisst hiernach z. B. 0,361 m soviel als: 0 oder kein m, 3 dm 6 cm u. 1 mm. Ferner: 90876,632 m, soviel als: 90876 m 6 dm 3 cm u. 2 mm, oder 90 Km 8 Hm 7 Dm 6 m 6 dm 3 cm u. 2 mm.

Das Lesen und Schreiben der metrischen Längenmaasse ersieht man aus nachstehendem Schema;

Das Degré u. Myriameter gebraucht man nur in Frankreich.	Degré (Dgr)	Myriameter (Mm)	Kilometer (Km)	Hektometer (Hm)	Dekameter (Dm)	Meter (m)	Decimeter (dm)	Centimeter (cm)	Millimeter (mm)
Wie spricht man aus: 1)	7	8	9	6	5	4,	3	2	1
2)	6	5	4	3	2	1 0,	7	8	9
u. 3)	8	9	7	6	5	0 4,	3	1	2?

Antwort ad No. 1) 7 Dgr 8 Myriameter (Mm) 9 Km 6 Hm 5 Dekam 4 m 3 dm 2 cm u. 1 mm. Oder: 789 Km 6 Hm 5 Dm 4 m 3 dm 2 cm u. 1 mm.

Antwort ad No. 2) 65 Dgr 4 Mm 3 Km 2 Hm 1 Dm 0 m 7 dm 8 cm u. 9 mm. Oder: 6543 Km 2 Hm 1 Dm 7 dm 8 cm u. 9 mm.

Antwort ad No. 3) 89 Dgr 7 Mm 6 Km 5 Hm 4 m 31 cm u. 2 mm. Oder: 8976 Km 5 Hm 4 m 31 cm u. 2 mm.

Das Rechnen mit metrischen Maassen und Gewichten geschieht genau nach der Decimalbruchrechnung.

§ 19. Das metrische Flächenmaass. Die verschiedenen Benennungen des metrischen Flächenmaasses sind, unter Voraussetzung d. Wortes „Quadrat" (bezeichnet durch □) genau dieselben als die des Längenmaasses, nur bezeichnet jedes Flächenmaass das 100fache seiner nächst niederen Abtheilung, und das $\frac{1}{100}$ = 0,01fache seiner nächst höheren Ahtheilung, d. h. es ist z. B.

1 ☐ m = 100 ☐ dm, u. = 0,01 ☐ Dm etc.

Die Eintheilung des metrischen Flächenmaasses ist folgende:

1 ☐ Neu-Meile ist 7500.7500 = 56250000 ☐ Meter.
1 ☐ Kilometer (Kilar gen. u. bez. d. ☐ Kil.) = 100 ☐ Hektometer (Hektar gen. u. bez. d. ☐ Hck.).
1 ☐ Hektometer (☐ Hm) = 100 ☐ Dekameter (Are gen. u. bez. d. Ar).
1 ☐ Dekameter (1 Ar) = 100 ☐ m.
1 ☐ Meter (1 ☐ m) = 100. ☐ dm.
1 ☐ Decimeter (1 ☐ dm) = 100 ☐ cm.
1 ☐ Centimeter (1 ☐ cm) = 100 ☐ mm.

Es ist also 1 Kilar = 100 Hektar = 100.100 = 10000 Are = 10 × 10000 = 1000000 ☐ m.

1 ☐ m = 100 ☐ dm = 10000 ☐ cm = 1000000 ☐ mm.

Ferner vergleichen sich:

1 Hektar (= 100 Are) mit 5 Morgen u. 124 ☐ Ruthen preuss.
1 Are (= 100 ☐ m) mit 10 ☐ Ruthen u. 24 ☐ Fuss preuss.

1 ☐ dm = $\frac{1}{100}$ m = 0,01 ☐ m (Meter).

1 ☐ cm (1 ☐ Neuzoll) mit $\frac{1}{100}$ ☐ dm = $\frac{1}{10000}$ = 0,0001 ☐ m.

1 ☐ mm (1 ☐ Strich) = $\frac{1}{100} \cdot \frac{1}{100}$ = 0,01.0,01 = 0,0001

☐ dm = $\frac{1}{100} \cdot \frac{1}{100} \cdot \frac{1}{100}$ = $\frac{1}{1000000}$ = 0,000001 ☐ m.

Ferner vergleicht sich:

1 ☐ m $\begin{cases} = 11,1111 \text{ bad. u. schweiz. } \square \text{ Fuss,} \\ = 11,7396 \text{ bairische } \square \text{ Fuss,} \\ = 10,7643 \text{ engl. u. russ. } \square \text{ Fuss,} \\ = 10,0074 \text{ österr. } \square \text{ Fuss,} \\ = 10,1519 \text{ preuss. } \square \text{ Fuss,} \\ = 12,1837 \text{ würtemb. } \square \text{ Fuss.} \end{cases}$

1 badischer Morgen von 400 bad. ☐ Ruthen = 36 Are.

1 bairischer Morgen (od. Tagewerk von 400 bair. ☐ Ruthen)
= 34,072 Are.
1 österr. Joch (von 1600 ☐Klafter österr.) = 57,6 Are.
1 preuss. Morgen (von 180 preuss. ☐°) = 25,524 Are.
2 preuss. Morgen = 51 Are ca.

1 do. ☐° = 14 ☐m ca.
10 do. ☐¹ = 1 ☐m ca.
1 do. ☐¹¹ = 7 ☐cm ca.
4 do. ☐¹¹¹ = 19 ☐mm ca.

Beim Lesen und Schreiben der metrischen Flächenausdrücke muss man wissen, dass hinter den ☐ Metern das Komma steht, und man vom Komma ab nach links und rechts stets zwei Stellen mit dem ihnen entsprechenden Flächennamen ausspricht; also für die ersten zwei Stellen vom Komma nach links, erhält man ☐ Meter, für die folgenden 2 Stellen Are, für die nächstfolgenden Hektare, und für die nunfolgenden Kilare. Vom Komma nach rechts hin, bedeuten die zwei ersten Stellen ☐dm, die folgenden zwei ☐cm, die nächsten 2, ☐mm.

NB. Die metrischen Flächen sind alle in ☐Meter ausgedrückt.

Kilare ......
Hektare ....
Are ....
☐ Meter (☐ m)
☐ Decimeter (☐ dm)
☐ Centimeter (☐ cm)
☐ Millimeter (☐ mm)

Wie liest man: 4 78 09 32 04, 38 60 54?
oder: 478093204,386054. ☐m?
Antwort. 478 Kilar 9 Hektar 32 Are 4 ☐m 38 ☐dm 60 ☐cm u. 54 ☐mm.

§ 20. Das metrische Cubik- oder Körpermaass.

Die verschiedenen Benennungen des metrischen Körpermaasses sind, unter Voraussetzung des Wortes „Cubik" (bez. durch ⬚) ebenfalls genau dieselben des metrischen Längenmaasses; nur bezeichnet jedes metrische Körpermaass das

1000fache seiner nächst niederen Abtheilung, u. $\frac{1}{1000}$ seiner nächst höheren Gattung; d. h. es ist z. B. 1 □ Meter = 1000 □ Decimeter u. = $\frac{1}{1000}$ □ Dekameter, u. s. f. Die Eintheilung des metrischen Körpermaasses ist nun folgende:
1 □ Meter = 1000 □ dm = 1000.1000 = 1000000 □ cm
= 1000.1000.1000 = 1000000000 □ mm.
1 □ dm = 1000 □ cm = 1000.1000 = 1000000 □ mm.
1 □ cm = 1000 □ mm (Strich).
1000 □ m = 1 □ Dm (oder 1 □ Kette).
$\frac{1}{1000000000}$ □ m = 1 □ mm (□ Strich).
$\frac{1}{1000000}$ □ m = 1 □ cm (□ Neu-Zoll) u.
$\frac{1}{1000}$ □ m = 1 □ dm etc. Höher als 1 □ Dm geht man nicht.

Es vergleichen sich hiernach:
1 preuss. □ Ruthe mit 53$^{1}/_{3}$ □ m.
32,3459 preuss. □' = $\frac{3}{160}$ □'' mit 1 □ m.

1 preuss. □ Fuss mit $\frac{1}{32}$ □ m = 31,25 □ dm ca.
1 do. □ Zoll mit 18,8 □ cm.
1 do. □ Linie = 10$^{1}/_{3}$ □ mm.
1 do. Schachtruthe mit 4$^{4}/_{9}$ □ m.
1 do. Klafter mit 3,4 = 3$^{2}/_{5}$ □ m ca.

1 □ m mit 37,037 bad. u. schweiz. □'.
1 □ m mit 40,2235 bairisch. □'.
1 □ m mit 31,6579 österr. □' u.
1 □ m mit 45,527 würtemb. □'.

Beim Lesen und Schreiben der metrischen Körpermaasse hat man stets zu berücksichtigen:
1) dass alle Körpermaasse in □ Metern ausgedrückt sind, und
2) dass man vom Komma (hinter den □ m) ab, nach rechts und links je drei Stellen abtheilt, wo dieselben

nach links hin ☐Meter, ☐Dm, ☐Hm und ☐Km, nach rechts hin aber: ☐dm, ☐cm (☐Neu-Zoll) und ☐mm bedeuten.

(NB. Es müssen stets drei Stellen unter jeder Benennung stehen).

☐Kilometer ☐Hektometer ☐Dekameter ☐Meter ☐Decimeter ☐Centimeter ☐Millimeter

Wie lautet: 987654321,002345678901?

Antwort. 987 ☐Km 654 ☐Hm 321 ☐Dm 002 ☐m 345 ☐dm 678 ☐cm u. 901 ☐mm.

Beim Holzmaasse nennt man den ☐Meter „Stere" und es ist hiernach 1 Stere = 1000 Decistere = 1000000 Centistere etc. und wendet diese Benennung nur beim Brennholze an, welches nach ☐m berechnet und verkauft wird, wobei man einen Holzhaufen von 2 M. Länge, 2 M. Höhe und 1 M. Scheitlänge, im Ganzen also 2.2.1 = 4 ☐m, eine Neu-Klafter nennt.

§ 21. Die metrischen Hohlmaasse für Flüssigkeiten und Getreide.

Die verschiedenen Benennungen der metrischen Hohlmaasse sind ganz dieselben wie die des Längenmaasses, nur dass man anstatt „Meter" dafür überall „Liter" setzt. Es ist also 1 Kiloliter = 10 Hektoliter = 100 Dekaliter = 1000 Liter (Neukanne) 1 Hektoliter (Fass) = 10 Dekaliter = 100 Liter (Neu-Kannen) und 1 Dekaliter = 10 Liter.

1 Hektoliter (oder das Fass besonders bei Flüssigkeiten) = 87$\frac{1}{3}$ preuss. Quart = 2 Neu-Scheffel zu 50 Liter. 1 Liter (oder Neu-Kanne, von $\frac{7}{8}$ preuss. Quart ca.) = 10 Deciliter à 10 Centiliter à 10 Milliliter.

Man theilt das Liter auch in $\frac{1}{2}$ Liter (Schoppen gen.), $\frac{1}{4}$, $\frac{1}{8}$ und $\frac{1}{16}$ Liter ein, und es ist:

$\frac{1}{2}$ Liter = 1 Schoppen,
$\frac{1}{4}$ „ = $\frac{1}{2}$ „
$\frac{1}{8}$ „ = $\frac{1}{4}$ „
$\frac{3}{8}$ „ = $\frac{3}{4}$ „
$\frac{1}{16}$ „ = $\frac{1}{8}$ „

$^5/_8$ Liter = $1\frac{1}{4}$ Schoppen,
$^3/_4$ „ = $1\frac{1}{2}$ „
und $^7/_8$ „ = $1\frac{3}{4}$ „

Ferner enthält 1 **preuss. Wispel** = $13\frac{1}{5}$ Hektoliter.

1 Hektoliter = $\frac{5}{66}$ preuss. Wispel = $1\frac{9}{16}$ preussischer Scheffel.

1 preuss. Scheffel (zu 16 preuss. Metzen) = $1\frac{1}{10}$ Neu-Scheffel ca. (eigentlich nur 54,961 Liter).

10 preuss. Scheffel = 11 Neuscheffel.

1 preuss. Metze = $3^3/_7$ Liter, also 7 preuss. Metzen = 24 Liter.

1 Liter = $^7/_9$ Quart = $\frac{7}{24}$ preuss. Metzen.

$1^1/_7$ Liter = 1 preuss. Quart.

Ferner ist: 1 **badische und schweizer Ohm** oder **Malter** = 150 Liter.

1 badisches Maass = $^1/_2$ Liter, $^2/_3$ badisches Maass = 1 Liter
1 bairischer Eimer (von 60 Maass bairisch) = 64,142 Liter.
1 bairisches Maass = 1,069 Liter.
1 bairischer Scheffel (zu 6 bair. Metzen) = 222,357 Liter.
1 österr. Metze = $61^1/_2$ Liter.
1 österr. Maass = 1,415 Liter.
1 preuss. Eimer (zu 60 preuss. Quart) = 68,7 Liter.
1 preuss. Quart = 1,145 Liter.
1 würtemberger Eimer (zu 160 würtb. Maas = 293,927 Liter.
1 würtemb. Scheffel = 177,22 Liter.
1 würtemb. Maass = 1,831 Liter.
1 Liter = 1 ▫ dm. = 1000 ▫ cm.

§. 22. Das metrische Gewicht.

Die verschiedenen Benennungen des metrischen Gewichts sind gleichfalls dieselben, wie die beim Längenmaasse, nur dass hier das Wort „Gramme" anstatt des Wortes „Meter gebraucht wird, also überall Gramme anstatt Meter liest und schreibt.

Es hält 1 **Fass** = 2 **Tonnen** zu 20 **Centner** à 100 Pfd. à 50 Dekagrammen (oder Neu-Loth) à 10 Grammes à 10 Decigrammes à 10 Centigrammes à 10 Milligrammes.

1 Kilogramm hat 2 metrische Pfd. (Pfund) = 10 Hektogramme zu 10 Dekagramme à 10 Gramme.

1 metrisches Pfd. = 50 Dekagramme (Neu-Loth) = 500 Gramme.

1 Dekagramme (Neu-Loth) = 10 Gramme. — 1 Last = 4000 Pfd.

1 Gramme = 1 ☐ cm. Wasser = 6 Cent Zollgewicht.

1 Decigramme = 6 Korn Zollgewicht.

1 Centigramme = $\frac{6}{10}$ Korn Zollgewicht.

1 Milligramme = $\frac{6}{100}$ Korn Zollgewicht.

1 Liter kaltes Wasser (bei + 4 Grad Celsius) = $\frac{1}{1000}$ ☐ m. = 1000 ☐ cm. (Centim.) wiegt.

1 Kilogramme (auch Kilo gen.) hat 2 Zollpfunde.

1 ☐ Centimeter ist $\frac{1}{1000}$ Liter Wasser, wiegt 1 Gramme.

1 ☐ Meter Wasser enthält 1000 Liter Wasser, und wiegt 1000 Kilogramme = 2000 Pfd. = 1 Tonne.

1 Loth Zoll-Gewicht = 15,62 Gramme = 1,56 Dekagr. (Neu-Loth).

1 bairisches Pfd. = 560 Grammes, und

1 do.
1 österr. } Loth = 17,5 Grammes oder 1³/₁ Neu-Loth.

Beim Medicinalgewichte hat 1 Pfd. = 12 Unzen = 360 Gramme.

1 Pfd. österr. Medicinalgewicht von 12 Unzen wiegt 420 Gramme.

1 Unze österr. (zu 2 Loth) wiegt 35 Gramme.

1 do.·preuss. (zu 2 Loth wiegt 30 Gramme.

1 Drachme (zu 3 Skrupel) wiegt 3,75 Gramme = 60 Gran.

1 Skrupel (zu 20 Gran) wiegt 1,25 = 1¹/₄ Grammen.

1 Gran = 0,06 Gramme oder 6 Centigrammes, und 16 Gran wiegt ein Gramme.

Man hat 1, 5, 10, 15, 20, 50, 100, 200, 500, 1000, 2000, 5000 und 10000 Gramm-Gewichtsstücke.

Mit einem 1, 3, 9, 27, 81 u. 243 Pfundgewichtsstücke kann man alle Schweren von 1 bis 364 Pfund abwiegen. Hat man ferner ein 1, 3, 9, 27 und 81 Neuloth-Gewicht, und will 1 Pfd. = 50 Dekagrammes (oder Neuloth) abwiegen, so braucht man in die Waagschale, in welcher 50 Neuloth Waare abgewogen werden soll, das 1, 3 und 27 Neuloth-, in die andere aber das 81 Neuloth-Gewicht zu legen, u. s. f.

II. Planimetrische Formeln.

§ 23. A) Das reguläre (regelmässige) Viereck oder Quadrat.

Erklärung. Jedes Viereck (oder Vierseit), bei welchem alle 4 Seiten gleich gross sind und je 2 derselben einen rechten Winkel (90°) einschliessen, bildet ein Quadrat. Hiernach ist $\alpha \beta \gamma \delta$ ein Quadrat, (Fig. 1) weil $\alpha\beta = \beta\gamma = \gamma\delta = \delta\alpha$, und je 2 dieser Linien einen rechten Winkel von 90 Graden (bez. durch 90°) einschliessen.

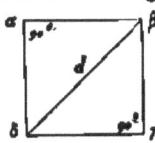

Fig. 1.

Bezeichnet man nun jede seiner 4 Seiten durch a, jede seiner beiden Diagonalen durch d, und seinen (des Quadrates) Flächeninhalt durch f, so erhält man, wenn

Lauf. №	gegeben ist:	n. gesucht wird:	die entsprechende Formel:
1	d	a	$= \frac{d}{2}\sqrt{2} = $ d.0,707.
2	f	a	$= \sqrt{f}$.
3	a	d	$= a\sqrt{2} = $ a.1,4142.
4	f	d	$= \sqrt{2f}$.
5	a	f	$= a^2 = $ a.a.
6	d	f	$= \frac{d^2}{2} = $ d².0,5.

Anmerk. 1) Das Quadrat, Oblongum, der Rhombus (Raute gen.) und das Rhomboides, sind Parallelogramme.

Beispiele. 1) Wie gross (od. welche Fläche hat) ist ein Garten, welcher ein Quadrat bildet, in welchem jede Seite 9 Meter 8 Decimeter u. 7 Centimeter lang ist?

Antwort. Nach Formel No. 5, ist $f = a^2 = a.a =$ 9,87 × 9,87 = 97,4169 ☐ (d. h. Quadrat) Meter, d. s. 97 ☐ Meter 41 ☐ Decimeter u. 69 ☐ Centimeter Fläche.

2) Wie gross ist jede Seite einer quadratförmigen Baumschule von 19 ☐ Meter u. 67 ☐ Centimeter?

3) Wie lang ist der diagonale Durchgang einer quadratförmigen Wiese von 8 Hektar 67 Aren, 6 ☐ Meter (Stab) u. 42 ☐ Centimeter?

Anmerk. 2) Von allen 4 seitigen Figuren deren 4 Umfangslinien zusammen gleich gross sind, hat das Quadrat die grösste Fläche.

§ 24. B) Das Oblongum (oder länglig-rechtwinklige Viereck).

Erklärung. Ein Oblongum, Rectangulum, oder länglig-rechtwinkliges Viereck, ist ein Parallelogramm, in welchem nur je 2 der einander gegenüberliegenden Seiten gleich gross u. parallel (bez. d. #) sind, und bei welchem stets eine grössere und eine kleinere Seite desselben einen rechten Winkel einschliessen. Hiernach ist (Fig. 2) a c f g ein Oblongum, weil a c # g f, a g # c f, g a u. a c, a c u. c f, c f, u. f g, g f u. g a einen rechten Winkel einschliessen.

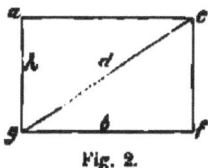
Fig. 2.

Anmerk. Man bezeichnet jedes Viereck auch nur durch 2 nicht mittelst einer Diagonale verbundenen Eckpunkte, also a c f g auch blos durch a f.

Bezeichnet nun b die Basis (Grundlinie), h die Höhe, d die Diagonale und f die Fläche dieses und der folgenden beiden Parallelogramme (Rhombus u. Rhomboides), so erhält man, wenn:

Lauf. №:	gegeben ist:	gesucht wird:	die entsprechende Formel:
7	h u. f	b	$= \frac{f}{h}$
8	h u. d		$= \sqrt{(d^2-h^2)} = \sqrt{[(d+h).(d-h)]}$
9	d u. f		$= \frac{1}{2}[\sqrt{(d^2+2f)} + \sqrt{(d^2-2f)}]$
10	g u. d	h	$= \sqrt{(d^2-b^2)} = \sqrt{[(d+b).(d-b)]}$
11	d u. f		$= \frac{1}{2}[\sqrt{(d^2+2f)} + \sqrt{(d^2-2f)}]$
12	b u. f		$\frac{f}{b}$
13	b u. h	d	$= \sqrt{(b^2+h^2)}$
14	b u. f		$= \sqrt{\left(\frac{b^4+f^2}{b^2}\right)} = \frac{\sqrt{(b^4 \times f^2)}}{b}$
15	h u. f		$\sqrt{\left(\frac{h^4+f^2}{h^2}\right)} = \frac{\sqrt{(h^4 \times f^2)}}{h}$
16	b u. h	f	$= b.h$
17	b u. d		$= a\sqrt{(d^2-b^2)} = a\sqrt{[(d+b).(d-b)]}$
18	h u. d		$h\sqrt{(d^2-h^2)} = h\sqrt{[(d+h).(d-h)]}$

Z. B. 4) Welchen Flächeninhalt hat ein Stück Land in Gestalt eines Oblongums, dessen Grundlinie $b = 79{,}04$ Meter, und dessen Höhe (oder Breite) $h = 68{,}73$ Meter misst?

Antwort. Nach Formel No. 16 ist $f = b.h = 79{,}04 \times 68{,}73 = 5432{,}4192$ ☐ Meter, d. sd. 54 Arcs (☐ Dekameter) 32 ☐ Meter 41 ☐ Decimeter und 92 ☐ Centimeter (☐ Neuzoll).

5) Ein Fussboden von $21{,}04$ Meter Länge u. $15{,}26$ Meter Breite, soll gedielt werden mit $5{,}09$ Meter langen, a. $0{,}47$ Meter breiten Brettern. Wieviele derselben bedarf man, und was kosten dieselben, wenn jedes Stück derselben zu 6 Sgr. 9 Pfg. berechnet ist?

6) In ein Zimmer soll an einer seiner Wandseiten ein Tisch kommen von $1{,}53$ Meter Länge, mit einer oblongen

Platte von 2,05 ☐ Meter Fläche. Wie breit muss dieser Tisch werden?

7) Ein quadratförmiger Teich enthält 7 Hektaren 42 Aren 7,0436 ☐ Meter Fläche. Wie gross ist jede Seite dieses Teiches?

8) Die Länge eines Ackers beträgt 2 Hektometer 5 Ketten (Dekameter) u. 8,94 Meter, u. seine Breite 8,09 Meter. Wieviel an Fläche hält derselbe?

9) Wieviel Fläche enthält eine oblonge Tafel von 1,93 Meter Breite, u. 3,07 Meter Länge?

10) Wie gross ist ein quadratförmiger Rasenplatz von 9,08 Meter Seitenlänge?

11) Der Fussboden eines Zimmers soll gedielt werden, welches 8,97 Meter lang u. 7,02 Meter breit ist. Wievicle 3,87 Meter lange u. 0,29 Meter breite Bretter bedarf man, u. was kosten sie, wenn jedes zu 4 Ngr. 5 Pfg. (sächs.) behandelt ist?

12) Wie gross ist die äussere Seite einer quadratförmigen Gartenrabatte, wenn die Fläche des inneren kleineren Quadrates 25,0609 ☐ Meter, u. die Fläche der Rabatte selbst 2,0987 ☐ Meter beträgt?

13) Wie lang ist ein Oblongum von 297,0685 ☐ Meter Fläche, u. 8,04 Meter Breite?

14) Ein Vorsaal von 6,69 Meter Länge u. 4,08 Meter Breite soll mit Backsteinen von 0,26 Meter lang u. 0,19 Meter breit belegt werden. Wieviele derselben bedarf man, und was kosten dieselben, das Stück zu 7 Pfg. accordirt?

15) Ein Tischler soll eine Kiste von 2 Meter u. 3 Centimeter Länge, 7 Decimeter Breite u. 62 Centimeter Höhe, sammt zugehörigen Dekel fertigen. Wieviele Bretter bedarf er dazu, wenn jedes derselben 3 Meter 4 Centimeter lang, u. 17 Centimeter breit ist?

16) Wie viele Aren (☐ Decameter) und ☐ Meter etc. beträgt die Fläche eines Gartens von 6 Ketten (Decameter) 4,07 Meter Länge, und 2 Ketten 9,76 Meter Breite?

17) Wie gross ist jede Seite eines Quadrats von 9,7901 ☐ Meter?

18) Wie lang ist ein Oblongum oder auch ein Rhomboides von 5 Centim. 3 Millim. Breite und 1,0509 ☐ Meter Fläche?

19) Ein 9,04 Meter langer, 7,91 Meter breiter und 4,07 Meter hoher Saal mit drei 2 Meter hohen und 1,5 Meter breiten Fenstern, (sammt deren Holzbekleidung) enthält noch 2 Thüren von 2,07 Meter Höhe und 1,09 Meter Breite. Dieser Saal soll tapezirt werden mit Ausnahme eines 2 Meter breiten und 3,00 Meter hohen Raumes für die Stelle hinter dem Ofen. Wieviele 6 Meter lange und 1,25 Meter breite Tapetentableaux à 12½ Sgr. bedarf man, und was kosten diese Tapetentableaux?

§ 25. C) Der Rhombus oder die Raute.

Erklärung. Ein Rhombus ist ein gleichseitiges Parallelogramm, dessen Seiten 2 spitze und 2 stumpfe Winkel einschliessen, wo die spitzen Winkel, wie auch die stumpfen einander gegenüberliegen, wie der Rhombus a b c d (Fig. 3) zeigt.

Fig. 3.

Bezeichnet man nun jede Seite des Rhombus durch a, die grössere Diagonale durhh D, die kleinere durch d, und die Fläche desselben durch f, so erhält man, wenn

Lauf. №	gegeben ist:	u. gesucht wird:	die entsprechende Formel:
19	f u. D		$= \dfrac{\sqrt{(4f^2 + D^2)}}{2D}$
20	f u. d	a	$= \dfrac{\sqrt{(4f^2 + d^2)}}{2d}$
21	D u. d		$= \dfrac{\sqrt{(D^2 + d^2)}}{2}$
22	f u. a		$= \sqrt{(a^2 + f)(a^2 - f)}$
23	f u. d	D	$= \dfrac{2f}{d}$
24	a u. d		$= \sqrt{(4a^2 - d^2)} = \sqrt{[(2a + d)(2a - d)]}$

Lauf. №	gegeben ist:	gesucht wird:	die entsprechende Formel:
25	f u. a		$=\frac{1}{2}[(2a^2+f)+\sqrt{(2a^2-f)}]$.
26	f u. D	d	$=\frac{2f}{D}$.
27	a u. D		$=\frac{1}{2}\sqrt{(4a^2-D^2)}=\frac{1}{2}\sqrt{(2a+D)(2a-D)}$.
28	a u. D	f	$=\frac{D}{2}\sqrt{(2a+D)(2a-D)}$.
29	a u. d	f	$=\frac{d}{2}\sqrt{(2a+d)(2a-d)}$.
30	D u. d		$=\frac{Dd}{2}$.

§ 26. D) Das Rhomboides.

Erklärung. Ein Rhomboides ist ein längliches Parallelogramm, in welchem nur die beiden einander gegenüberliegenden Seiten gleich gross und parallel (#) sind, und in welchem (wie beim Rhombus) nur die beiden spitzen, wie auch nur die beiden stumpfen Winkel einander gegenüberliegen, wie a b c d (Fig. 4) zeigt.

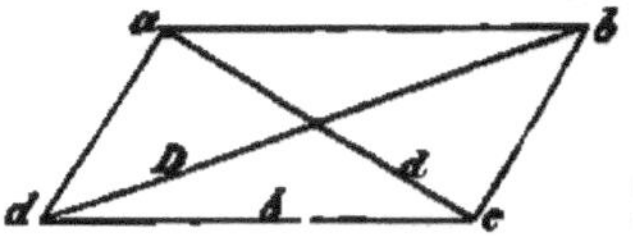

Fig. 4.

Bezeichnet in einem Rhomboide l eine der beiden längeren k eine der beiden kürzeren Seiten, ebenso D 'die grössere, d die kleinere Diagonale, und f die Fläche des Rhomboides, so erhält man, wenn

Lauf. №	gegeben ist:	gesucht wird:	die entsprechende Formel:
31	k, d u. D		$=\frac{1}{2}\sqrt{[2(D^2+d^2-2k^2)]}$.
32	k, D u. f	l	$=\sqrt{[D^2+k^2+2\sqrt{((Dk+f)(Dk-f))}]}$.
33	k, d u. f		$=\sqrt{[k^2+d^2\pm 2\sqrt{((kd+f)(kd-f))}]}$.
34	D, d u. f		$=\frac{1}{2}\sqrt{[d^2+D^2\pm 2\sqrt{((dD+2f)(dD-2f))}]}$.

Lauf. N.	gegeben ist:	u. gesucht wird:	so ist die entsprechende Formel:
32	l, D u. d	k	$\frac{1}{2}\sqrt{[2(D^2 + d^2 - 2l^2)]}$.
33	l, D u. f		$= \frac{1}{2}[D^2 + l^2 + 2\sqrt{((lD + f)(lD - f))}]$.
34	l, d u. f		$= \frac{1}{2}[l^2 + d^2 + 2\sqrt{((ld + f)(ld - f))}]$.
35	D, d u. f		$= \frac{1}{2}\sqrt{[D^2 + d^2 + 2\sqrt{(dD+f)(dD-f)}]}$.
36	l, k u. d	D	$= \sqrt{(2l^2 + 2k^2 - d^2)}$.
37	l, k u. f		$= \sqrt{[l^2 + k^2 + 2\sqrt{((lk + f)(lk - f))}]}$.
38	l, d u. f		$= \sqrt{[4l^2 + d^2 + 4\sqrt{((ld + f)(ld - f))}]}$.
39	k, d u. f		$\sqrt{[4k^2 + d^2 + 4\sqrt{((kd + f)(kd - f))}]}$.
40	l, k u. D	d	$\sqrt{(2l^2 + 2k^2 - D^2)}$.
41	l, k u. f		$= \sqrt{[l^2 + k^2 + 2\sqrt{(lk + f)(lk - f)}]}$.
42	l, D u. f		$\sqrt{[4l^2 + D^2 + 4\sqrt{((lD + f)(lD - f))}]}$.
43	k, D u. f		$\sqrt{[4k^2 + D^2 + 4\sqrt{(kD + f)(kD - f)}]}$.
44	l, k u. D	f	$= \frac{1}{2}\sqrt{[(D + l + k)(D + k - l)}$ $\times (D - k + l)(l + k - D)]$.
45	l, k u. d		$\frac{1}{2}\sqrt{[(l + k + d)(l + k - d)}$ $\times (l + d - k)(k + d - l)]$.
46	l, D u. d		$= \frac{1}{4}\sqrt{[(2l + D + d)(2l + D - d)}$ $\times (2l + d - D)(D + d - 2l)]$.
47	k, D u. d		$= \frac{1}{4}\sqrt{[(2k + D + d)(2k + D - d)}$ $\times (2k + d - D)(D + d - 2k)]$.

§ 27. E) Das ungleichseitige Dreieck.

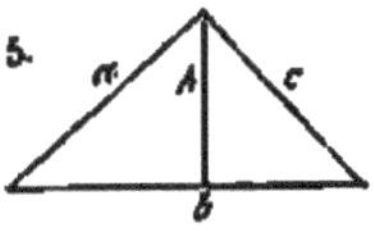

Erklärung. Ein ungleichseitiges Dreieck ist ein solches, in welchem keine Seite der anderen gleich ist, auch keinen rechten Winkel enthält (weil es sonst ein rechtwinkliges Dreieck wäre, von welchem erst im nächsten § die Rede ist), wie △ a b c in Fig. 5

Fig 5.

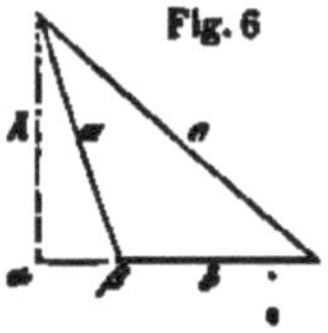

— 56 —

Fig. 6

und 6 zeigt, in welchem a, b u. c. die 3 Seiten, h aber dessen Höhe, und b dessen Grundlinie (Basis) bezeichnet. In diesem § ist nur vom ungleichseitigen spitz- und stumpfwinkligen Dreieck (bez. durch △) die Rede.

Sind nun von den 5 Stücken ein hieher gehörigen Dreiecks (nämlich von seinen 3 Seiten a, b, c, seiner Höhe h, und seiner Fläche f) deren drei bekannt (oder gegeben), so findet man mittelst nachstehender Formeln, wenn

Lauf. №	gegeben ist:	u. gesucht wird:	die entsprechende Formel:
48	b, c u. h	a	$= \sqrt{[c^2 + b(b + *) 2\sqrt{(c+h)(c-h)}]}$.
49	b, c u. f		$= \sqrt{[c^2 + b^2 + \sqrt{(bc+2f)(bc-2f)}]}$.
50	c, h u. f		$= \sqrt{h^2 + \left(\frac{2f}{h} + \sqrt{((c+h)(c-h))}\right)^2}$.
51	b, h u. f		ist unbestimmt.
52	a, b u. h	c	$= \sqrt{[a^2 + b^2 - 2b\sqrt{((a+h)(a-h))}]}$.
53	a, b u. f		$= \sqrt{[a^2 + b^2 - 2\sqrt{((ab+2f)(ab-2f))}]}$.
54	a, b u. f		$= \sqrt{\left[\frac{2f}{h} - \sqrt{((a+h)(a-h))}\right)^2 + h^2]}$.
55	b, h u. f		ist unbestimmt.
56	a, c u. h	b	$= \sqrt{(a+h)(a-h)} + \sqrt{[(c+h)(c-h)]}$.
57	a, c u. f		$= \sqrt{[a^2 + c^2 - 2\sqrt{((ac+2f)(ac-2f))}]}$.
58	a, h u. f		$= \frac{2f}{h}$ (für das spitzwinklige △.
59	c, h u. f		$= \frac{2f}{h}$ (für das stumpfwinklige △.
60	a, b u. c	h	$= \frac{\sqrt{[(a+b+c)(a+c-b)(a+b-c)(b+c-a)]}}{2b}$
61	a, c u. f		$= \frac{2f}{\sqrt{[a^2+c^2-2\sqrt{((ac+2f)(ac-2f))}]}}$

Lauf. №	gegeben ist:	u. gesucht wird:	die entsprechende Formel:
62	a, b u. f	h	$= \frac{2f}{b}$ (für d. spitzwinklige △.
63	c, b u. f		$= \frac{2f}{b}$ (für d. stumpfwinklige △.
64	b, a u. c		$= \frac{1}{4}\sqrt{[(a+b+c)(a+b-c)(a+c-b)(b+c-a)]}$
			oder $= \sqrt{\left(\frac{s}{2}\left(\frac{s}{2}-a\right)\left(\frac{s}{2}-b\right)\left(\frac{s}{2}-c\right)\right)}$, wo s die Summe der 3 Seiten bedeutet.
65	a, c u. h	f	$= \frac{h}{2}[\sqrt{((a+b)(a-h))} + \sqrt{((c+h)(c-h))}]$.
66	a, b u. h		$= \frac{bh}{2}$.
67	b, c u. h		$= \frac{bh}{2}$.

*) Bemerkung. In allen diesen verschiedenen Formeln wird das obere Zeichen + (von +) stets für das spitzwinklige das untere (—) aber für das stumpfwinklige Dreieck allein in Rechnung zu bringen.

Z. B. 20). Die Basis b eines Dreiecks messe 2 Ketten (Dekameter) 5 Meter und 8 Centimeter, seine Höhe h aber 9 Meter und 67 Centimeter. Wie gross ist seine Fläche?

Antwort. Nach Formel No. 66, ist $f = \frac{b \cdot h}{2} = \frac{25,08 \cdot 9,67}{2}$ $= 12,54 \cdot 9,67 = 121,2618$ ☐ Meter, d. s. 1 Ar. 21 ☐ Meter 26 ☐ Decimeter und 18 ☐ Centimeter.

21) Wie lang ist die Grundlinie eines 2 Aren 24 ☐ Meter und 66 ☐ Centimeter enthaltenden Dreiecks, wenn dasselbe 2 Ketten und 8 Meter breit ist?

22) Ein an 2 Landstrassen, in Form eines Dreiecks spitz zulaufender Acker, hat zu seiner Grundlinie 19,03 Metr. und zu seiner Höhe 12,09 Meter. Welche Fläche enthält es?

23) Wie gross ist die Fläche eines Dreiecks von 17,4 Meter Grundlinie und 8,064 Meter Höhe?

24) Ein 3-seitiges Stück Gartenland enthält 82,043605 Aren (☐Ketten oder ☐ Decameter), und ist an einer seiner Seiten 30,08 Meter lang. Wie lang wird ein Zaun werden, welcher senkrecht von der der Seite b gegenüberliegenden Spitze zu derselben hinübergeführt wird?

25) Wie lang ist die Basis eines Dreiecks von 43 Aren 17 ☐Meter und 27 ☐Centimeter und 19,78 Meter Höhe?

26) Wie gross ist die Höhe eines Dreiecks von 97 Aren 2 ☐Meter und 17 ☐Centimeter Fläche, dessen Grundlinie 49,07 Meter misst?

27) Die Frontspitzfläche eines Gebäudes soll mit Brettern von 3,4 Meter Länge und 0,43 Meter Breite beschlagen werden. Die untere Frontlinie misst 17,56 Meter, und die Höhe bis zum Giebel 5,09 Meter. Wie viele Bretter bedarf man, und wie hoch kömmt der Beschlag, wenn jedes Brett 10½ Sgr. kostet, und der Zimmermann 27½ Sgr. für seine Arbeit erhält? Hierzu noch für Nägel, 8 Stück derselben durchschnittlich für jedes Brett, und das Schock von 60 Stück Nägeln zu 6¼ Sgr. gerechnet?

§ 28. F) Das rechtwinklige Dreieck.

Erklärung. Ein rechtwinkliges Dreieck ist ein solches, wo irgend 2 Seiten desselben einen rechten Winkel einschliessen. Die den rechten Winkel einschliessenden Seiten (in Fig. 7, b und a) nennt man die Catheten, und die dem rechten Winkel gegenüberliegende Seite (in Fig. 7 also die c) nennt man die Hypothenuse. Bezeichnet man nun ferner die eine Höhe dieses Dreiecks durch h, seine Fläche durch f, so ergiebt sich, wenn zwei von diesen fünf Grössen gegeben sind, jede der übrigen aus nachstehenden Formeln, nämlich wenn:

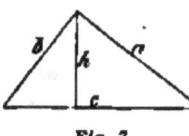

Fig. 7.

Lauf. №	gegeben ist:	gesucht wird:	so ist die entsprechende Formel:
68	b u. c		$= V(c^2 - b^2) = V[(c+b)(c-b)]$.
69	b u. h		$= V\left(\dfrac{b^2 h^2}{(b+h)(b-h)}\right)$.
70	b u. f		$= \dfrac{2f}{b}$.
71	c u. h	a	$= V\left[\dfrac{c}{2}\left(c \pm V(c \pm 2h)(c-2h)\right)\right]$.
72	c u. f		$= V\left[\dfrac{c^2 \mp V(c^2 + 4f)(c^2 - 4f)}{2}\right]$.
73	h u. f		$= V\left[\dfrac{2f}{h^2}\left(f + V(f \mp h^2)(f - h^2)\right)\right]$.
74	a u. c		$= V[c^2 - a^2] = V[(c+a)(c-a)]$.
75	a u. h		$= V\left(\dfrac{a^2 h^2}{(a+b)(a-b)}\right)$.
76	a u. f		$= \dfrac{2f}{a}$.
77	c u. h	b	$= V\left[\dfrac{c}{2}\left(c + V(c+2h)(c-2h)\right)\right]$.
78	c u. f		$= V\left(\dfrac{c^2 \mp V(c^2 + 4f)(c^2 - 4f)}{2}\right)$.
79	h u. f		$= V\left[\dfrac{2f}{h^2}\left(f + V(f \mp h^2)(f - h^2)\right)\right]$.
80	a u. b		$= V(a^2 + b^2)$.
81	a u. h		$= V\left(\dfrac{a^4}{(a+h)(a-h)}\right)$.
82	a u. f	c	$= \dfrac{V(4f^2 + a^4)}{a}$.
83	b u. h		$= V\left(\dfrac{b^4}{(b+h)(b-h)}\right)$.

Lauf. №	gegeben ist:	g.sucht wird:	so ist die entsprechende Formel:
84	b u. f	c	$=\dfrac{\sqrt{(4f^2+4b^2)}}{b}$.
85	b u. f		$=\dfrac{2f}{b}$.
86	a u. b		$=\dfrac{ab}{\sqrt{(a^2+b^2)}}$.
87	a u. c		$=\dfrac{a}{c}\sqrt{[(c+a)(c-a)]}$.
88	a u. f	h	$=\dfrac{2af}{\sqrt{(a^2+4f^2)}}$.
89	b u. c		$=\dfrac{b}{c}\sqrt{[(c+b)(c-b)]}$.
90	b u. f		$=\dfrac{2bf}{\sqrt{(4b^2+4f^2)}}$.
91	c u. f		$=\dfrac{2f}{c}$.
92	a u. b		$=\dfrac{ab}{2}$.
93	a u. c		$=\dfrac{a}{2}\sqrt{[(c+a)(c-a)]}$.
94	a u. h	f	$=\dfrac{a^2h}{2\sqrt{[(a+h)(a-h)]}}$.
95	b u. c		$=\dfrac{b}{2}[(c+b)(c-b)]$.
96	b u. h		$=\dfrac{b^2h}{2\sqrt{[(b+h)(b-h)]}}$.
97	c u. h		$=\dfrac{ch}{2}$.
98	s(=a+b)	a	$=\dfrac{s+\sqrt{(2c^2-s^2)}}{2}$.
99	u. c	b	$=\dfrac{s-\sqrt{(2c^2-s^2)}}{2}$.

Lauf. N.	gegeben ist:	u. gesucht wird:	so ist die entsprechende Formel:
100	$d(=a-b)$	a	$= \dfrac{d + \sqrt{(2c^2-d^2)}}{2}$
101	u. c	b	$= \dfrac{\sqrt{(2c^2-d^2)}-d}{2}$
102	$s(=c+b)$	b	$= \dfrac{s^2-a^2}{2s} = \dfrac{(s+a)(s-a)}{2s}$
103	u. a	c	$= \dfrac{a^2 + s^2}{2s}$
104	$d(=c-b)$	b	$= \dfrac{(a+d)(a-d)}{2d}$
105	u. a	c	$= \dfrac{a^2 + d^2}{2d}$
106	$s(=c+a)$	a	$= \dfrac{(s+b)(s-b)}{2s}$
107	u. b	c	$= \dfrac{b^2 + s^2}{2s}$
108	$d(=c-a)$	a	$= \dfrac{(b+d)(b-d)}{2d}$
109	u. b	c	$= \dfrac{b^2 + d^2}{2d}$

Z. B. 28) Die beiden Seiten a u. b als Catheten eines rechtwinkligen Dreiecks messen 0,73 Meter, u. 0,59 Meter. Wie gross ist seine Fläche?

Antwort. Nach Formel No. 92, ist $f = \dfrac{a.b}{2} = \dfrac{0,73 \times 0,59}{2} = \dfrac{0,4307}{2} = 0,21535$ ☐ Meter, d. s. 21 ☐ Decimeter u. $53\frac{1}{2}$ ☐ Centimeter.

29) Wie gross ist die Fläche eines rechtwinkligen Dreiecks, dessen Catheten 0,09 Meter, u. 0,13 Meter lang sind?

30) Die eine Cathete eines rechtwinkligen Dreiecks ist

— 62 —

0,72 Meter, die andere aber 0,85 Meter; wie gross ist die Hypothenuse?

Anmerk. Rechtwinklige Dreiecke, in denen die Berechnung (Auffindung der Hypothenuse eine vollständig rationale Zahl giebt, nennt man pythagoräische Dreiecke, wie z. B.: wenn die eine Cathete 3 dm, die andere aber 4 dm wäre, so ist $h = V(3^2 + 4^2) = V(9 + 16) = V 25 = 5$.

31) Die Hypothenuse sei 0,43 m, u. die eine Cathete 0,21 m lang; wie gross ist die andere Cathete?

32) Wie gross ist die Hypothenuse, wenn deren eine Cathete 0,92 m, die andere aber 0,736 m misst?

33) Die zwischen den drei Ortschaften A, B u. C liegende Fläche, bildet ein rechtwinkliges Dreieck. Die weiteste Entfernung von A nach C (also die Hypothenuse) beträgt 1¼ Neu-Meilen, die kürzeste von A nach B aber nur 2041,57 m. Wie weit ist es also von B nach C?

34) Auf einer horizontalen Ebene steht ein senkrecht aufgerichteter Klettermast. Ein straff angespanntes Seil geht von der Spitze des Mastes schräg nach einem auf der Erde liegenden Punkte D. Wenn nun die gespannte Seillänge 19,35 Meter beträgt, und die Entfernung vom Punkte D nach dem Fusse des Mastes 9,07 Meter beträgt, so fragt sich's: wie hoch muss dieser Klettermast von der Erde sein?

35) Ein Seilläufer will von einem 40,09 Meter hohem Thurme in 80,39 Meter Entfernung auf einem 2,06 Meter hohen Gerüste, schräg herab ein Seil spannen. Wie lang würde die gespannte Seillänge werden, wenn wegen der physischen Unmöglichkeit einer vollständig geraden Spannung auf je 3 Meter Spannung durchschnittlich noch 0,64 Meter Seillänge zu berechnen ist?

§ 29. G) Das rechtwinklig-gleichschenklige Dreieck.

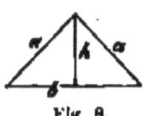
Fig. 8.

Bezeichnet a (Fig. 8) jede der beiden gleichgrossen Catheten, b die Hypothenuse, h die Höhe, und f. des Dreieck Fläche, so erhält man, wenn:

— 63 —

Lauf. №	gegeben ist:	u. gesucht wird:	so ist die entsprechende Formel:
110	b	a	$= b\sqrt{\frac{1}{2}} = b \times 0{,}70711.$
111	h		$= h\sqrt{2} = h \cdot 1{,}41421.$
112	f		$= \sqrt{2f} = 1{,}41421 \cdot \sqrt{f}.$
113	a	b	$= a \cdot \sqrt{2} = a \cdot 1{,}41421$
114	h		$= 2h$
115	f		$= 2\sqrt{f}.$
116	a	h	$= \frac{a}{2}\sqrt{2} = a \cdot 0{,}70711$
117	b		$= \frac{b}{2}$
118	f		$= \sqrt{f}.$
119	a	f	$= \frac{a^2}{2}$
120	b		$= \frac{b^2}{4}$
121	h		$= h^2$

§ 30. II) Das gleichschenklige Dreieck
(Fig. 9.)

Fig. 9.

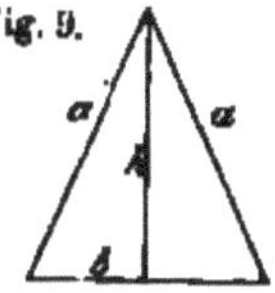

ist ein solches, in welchem nur zwei Seiten (hier a = a) einander gleich sind.

Bezeichnet man jede der beiden gleichgrossen Seiten eines gleichschenkligen Dreiecks durch a; seine Basis (oder Grundlinie) durch b, seine Höhe durch h, und seinen Flächeninhalt durch f, so erhält man, wenn:

Lauf. $\mathcal{N}$	gegeben ist:	u. gesucht wird:	so ist die entsprechende Formel:
122	b u. h		$= \frac{1}{2} \sqrt{(b^2 + 4h^2)}$.
123	b u. f	a	$= \sqrt{\left(\frac{4f^2}{b^2} + \frac{b^2}{4}\right)}$.
124	h u. f		$= \frac{1}{h} \sqrt{(f^2 + h^2)}$.
125	a u. h		$= 2\sqrt{(a^2 - h^2)}$.
126	a u. f	b	$= \sqrt{(a^2 + 2f)} + \sqrt{(a^2 - 2f)}$.
127	h u. f		$= \frac{2f}{h}$.
128	a u. b		$= \frac{1}{2} \sqrt{(4a^2 - b^2)}$.
129	a u. f	h	$= \sqrt{\left[a^2 + \frac{\sqrt{(a^2+2f)(a^2-2f)}}{4}\right]}$.
130	b u. f		$= \frac{2f}{b}$.
131	a u. b		$= \frac{1}{2} \sqrt{(4a^2 - b^2)}$.
132	a u. h	f	$= h \sqrt{(a^2 - h^2)}$.
133	b u. h		$= \frac{bh}{2}$.

§ 31. I) Das gleichseitige (reguläre) Dreieck

ist ein solches, in welchem alle seine 3 Seiten, wie auch seine 3 Winkel gleich gross sind, wie z. B. Fig. 10, wo $ab = bc = ac$, $\angle a = \angle b = \angle c$ ist. Bezeichnet man nun jede seiner 3 gleichen Seiten mit a, seine Höhe durch h, und seinen Flächeninhalt durch f, so ist, wenn

Fig. 10.

Lauf. N.	gegeben ist:	u. gesucht wird:	ist die entsprechende Formel:
134	h	a	$= 1{,}155 \cdot h$.
135	f	a	$= 1{,}52 \cdot \sqrt{f}$.
136	a	h	$= \dfrac{a}{2}\sqrt{3} = a \cdot 0{,}866$.
137	f	h	$= 1{,}316 \cdot \sqrt{f}$.
138	a	f	$= a^2 \cdot 0{,}433$.
139	h	f	$= h^2 \cdot 0{,}577$.

Z. B. 36) Wie gross ist die Fläche eines gleichseitigen Dreiecks von 8,53 m Seitenlänge?

Antwort. $f = a^2 \cdot 0{,}433 = 8{,}53^2 \cdot 0{,}433 = 72{,}7609 \cdot 0{,}433 = 31{,}506$ ☐ m, d. s. 31 ☐ m 50 ☐ dm u. 60 ☐ cm.

37) Ein Tischler soll eine 3=gleichseitige Tischplatte von 2½ ☐ m fertigen; wie lang muss jede Seite derselben werden?

38) Wie gross ist die Fläche eines gleichseitigen Dreiecks, dessen jede Seite 5,23 m misst?

39) Der Umfang eines gleichseitigen Dreiecks beträgt 3 m u. 9 cm, wie gross ist seine Fläche?

40) Wie gross ist die Seite eines 14 ☐ m haltenden gleichseitigen Dreiecks?

41) Welche Fläche begrenzen drei, (in ihren Richtungen zu einander) ein gleichseitiges Dreieck bildende Ortschaften, wenn dieselben je 5 Neumeilen von einander entfernt liegen?

42) Die Fläche eines gleichseitigen Dreiecks beträgt 1 ☐ m 89 dm 67 ☐ cm u. 23 ☐ mm, wie lang ist jede Seite dieses Dreieckes?

43) Wie lang ist jede Seite eines 1 ☐ m grossen gleichseitigen Dreieckes?

§ 92. K) Das Parallel-Trapez (Fig. 11)

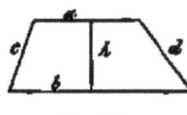

Fig. 11.

ist ein solches geradliniges Viereck, in welchem nur 2 Seiten parallel zu einander sind. Sind bei einem solchen die beiden nicht parallelen Seiten c u. d einander gleich, so nennt ein solches Trapez ein Antiparallelogramm. Die Normale h, welche auf beiden parallelen Seiten a u. b steht, bildet die Höhe.

Bezeichnen nun a u. b die beiden parallelen, c u. d aber die beiden einander nicht parallelen Seiten, h die Höhe, u. f den Flächeninhalt des Trapezes, so erhält man, wenn

Fig. 12.

Lauf. №	gegeben ist:	u. gesucht wird:	ist die entsprechende Formel:
140	a, b u. h	f	$= \frac{(a+b)h}{2}$.
141	a, b, c u. d	f	$= \frac{1}{4}\left(\frac{a+b}{a-b}\right)\sqrt{[(c+d+b-a)(c+d+a-b) \times (c+b-a-d)(d+b-a-c)]}$.
142	a, b u. f	h	$= \frac{2f}{a+b}$.
143	a, b, c u. d	h	$= \sqrt{\left[c^2 - \left(\frac{c^2 + (a-b)^2 - d^2}{2(a-b)}\right)^2\right]}$.

Zusatz. Stehen die parallelen Seiten eines Paralleltrapezes auf der 3. Seite (Abscisse) senkrecht, wie No. 1, 2, 3, 4 u. 5 in Fig. 12, so findet man den Inhalt eines solchen Trapezes auch dadurch, dass man die aequirte Höhe b a in No. 1 (Fig. 12) mit der Grundlinie b multiplicirt, so giebt deren Produkt den Inhalt des Trapezes. Man versteht aber unter der aequirten Höhe die Entfernung vom Mittelpunkte der

Grundlinie b bis zum Mittelpunkte der gegenüberliegenden Seite; in No. 1. Fig. 12 also die Linie b a; in No. 2, die Linie b c, u. so f.

Beispiele. 44) Die parallelen Seiten eines trapezförmigen Feldes messen 15,07 m u. 11,94 m, und ihr senkrechter Abstand 10,09 m. Wie gross ist die Fläche dieses Feldes?

Antwort. Nach Formel No. 40, ist $f = \frac{(a+b)b}{2} =$
$\frac{(15,07 + 11,94).10,09}{2} = \frac{27,01.10,09}{2} = \frac{272,5309}{2} \square m =$
136,265450 $\square$ m, d. i. 1 Ar 36 $\square$ m 26 $\square$ dm 54½ $\square$ cm.

45) Es soll der Fussboden eines trapezförmigen Zimmers mit 3,45 m. langen u. 0,56 m(eter) breiten Brettern gedielt werden. Wenn nun die eine Parallelseite 6,98 m, die andere aber 7,04 m lang ist, u. dieselben 3,05 m von einander abstehen, so fragt sichs: wie viele solcher Bretter bedarf man?

46) Wie gross ist die Fläche eines Trapezes, dessen Parallelseiten 2,33 m, u. 4,02 m lang sind, u. 0,98 m von einander abstehen?

47) Welche Oberfläche hat eine trapezförmige Steinplatte von 1,93 m Breite, wenn die parallelen Kanten 2,97 m u. 2,19 m lang sind?

48) Ein trapezförmiger Saal, dessen beide Parallelseiten 6,34 m u. 7,03 m lang sind, u. 5,06 m von einander abstehen, soll mit oblongen Steinplatten von 0,76 m Länge, u. 0,33 m Breite belegt werden. Wie viele solcher Platten bedarf man?

49) Wieviele Bretter von 3,98 m Länge u. 0,23 m Breite würde man zum Dielen des vorigen Fussbodens (in No. 48) nöthig haben?

§ 33. L) Das Trapezoides (Fig. 13)

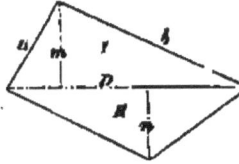

Fig. 13.

ist ein solches geradliniges Viereck, in welchem keine Seite zur anderen parallel ist. Bezeichnen nun a, b, c u. d seine 4 Seiten, D, die Diagonale, α u. β zwei einander gegenüberliegende Winkel, m u. n die beiden Höhen von einer Ecke auf die Diagonale D, u. f den Flächeninhalt des Trapezoides, so ist

144) $f = \frac{(m+n).D}{2} = \triangle I + \triangle II.$

145) Betragen $\angle \alpha + \angle \beta = 2$ R, so ist

$$f = \tfrac{1}{4} \sqrt{[(a+b+c-d)(a+b+d-c)(a+c+d-b)(b+c+d-a)]}.$$

Ist aber $\angle \alpha = \angle \beta$, so wird

146) $f = \tfrac{1}{4} \sqrt{[(a+b+c+d)(a+b-c-d)(a+d-b-c)(b+d-a-c)]}.$

Beispiele. 50) Die Diagonale eines Trapezoides ist 1,49 m lang, u. die Höhen m u. n der durch die Diagonale entstehenden Dreiecke 0,65 m u. 0,43 m. Wie gross ist dieses Trapezoides Fläche?

Antwort. Nach Formel No. 144, ist $f = \dfrac{(m+n)\cdot D}{2}$
$= \dfrac{(0,43+0,65)\cdot 1,49}{2} = \dfrac{1,6092}{2} = 0,8046$ ☐ m, d. s. 80 ☐ dm u. 46 ☐ cm.

51) Ein trapezoidförmiger Platz misst von einer Ecke bis zur gegenüberliegenden 21 Ketten 9 m 4 dm ($= 219.4$ m), u. die senkrechten Abstände von den beiden anderen Ecken (also m u. n) auf die Diagonale D sind 8,4 Ketten u. 10,33 Ketten lang. Welchen Flächeninhalt hat dieser Platz?

52) Eine trapezoidförmige Wiese hat eine 14,4 Ketten lange Diagonalausdehnung, u. die beiden Höhen der durch die Diagonale entstehenden Dreiecke sind 4,38 Ketten, u. 6,59 Ketten lang. Wie gross ist diese Wiese?

Zusatz. Am einfachsten wird ein Trapezoides berechnet, wenn man es in ein Dreieck verwandelt, u. dieses aus Grundlinie u. Höhe berechnet.

Aufgabe. 53) Eine gerade Linie a b (Fig. 14) in jede beliebige Anzahl gleich grosser Theile, einzutheilen.

Auflösung. Gesetzt man sollte die Linie a b in 5 einander

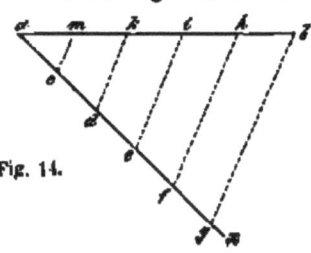

Fig. 14.

gleicher Theile eintheilen, so lege man, an deren einen Endpunkt, z. B. an a, eine beliebig lange Linie a x, trage eine u. dieselbe beliebige Zirkelöffnung von a aus so oft auf die a x an einander, als in wieviele Theile die gegebene Linie a b getheilt werden soll, hier also deren 5, so dass a c = c d = d e = e f = f g ist. Hierauf verbindet man den letzten Theilpunkt auf der a x, — hier also g — mit dem anderen Endpunkte der gegebenen Linie — hier also mit b — durch eine gerade Linie g b, u. legt zu dieser durch jeden Theilpunkt auf der Linie a x — also durch f, e, d u. c die Parallellinien f h, e i, d k u. c m, so theilen diese die a b bei h, i, k u. m in die verlangten 5 gleichen Theile, so, dass a m = m k = k i = i h = h b ist.

Aufgabe. 54) Aus einem Bogen Pappe, oder einem rechtwinklig vierseitigem Brette, Bleche, einer Glastafel oder dergl. die möglichst grösste Anzahl gleich grosser länglich-rechtwinklig viereckiger Platten oder Deckel zu schneiden.

Verfahren. Man muss auf dem Pappbogen, Blechstücke, Brette, oder der Glastafel die Eintheilung so machen, dass die längere Seite der Deckel auch auf der längeren Seite des Pappbogens, Brettes etc., die kürzere Seite hingegen stets nach der schmalen Seite des Bleches etc. liegt.

Aufgabe. 55) Ein jedes rechtwinklige Parallelogramm einer Tischplatte (selbst wenn letztere ovalrund ist) beliebige Mal grösser oder kleiner (z. B. $1/4$, $1/3$, $1/2$, $2/3$, $3/4$, 2, 3, 4, 5 etc. mal) zu machen.

Verfahren. Man ziehe aus der Zahl, welche angiebt, wievielemal grösser oder kleiner die neu herzustellende Tisch- oder Bildesfläche werden soll als die gegebne, die Quadratwurzel, und multiplicire mit dieser die Länge und Breite der gegebenen Tisch- oder Bildfläche, so erhält man die Länge u. Breite der anzufertigenden neuen Platte oder Bildfläche. Es ist aber

$\sqrt{1/4} = 1/2$	$\sqrt{3/4} = 0{,}866$	$\sqrt{5} = 2{,}236$	$\sqrt{10} = 3{,}162$
$= 0{,}5$	$\sqrt{1} = 1$	$\sqrt{6} = 2{,}45$	$\sqrt{11} = 3{,}317$
$\sqrt{1/3} = 0{,}58$	$\sqrt{2} = 1{,}414$	$\sqrt{7} = 2{,}63$	$\sqrt{12} = 3{,}464$
$\sqrt{1/2} = 0{,}707$	$\sqrt{3} = 1{,}733$	$\sqrt{8} = 2{,}83$	$\sqrt{1 1/2} = 2{,}2$ cn.
$\sqrt{2/3} = 0{,}816$	$\sqrt{4} = 2$	$\sqrt{9} = 3$	$\sqrt{1 3/4} = 1{,}323$ u.s.f.

Z. B. Ein Tischler soll 2 Tische anfertigen, dessen eine Platte $1/2$ mal, u. dessen andere Platte 2 mal so gross ist, als 'eine vorgezeigte, welche 1,53 m breit, u. 2,08 m lang ist. Wie lang u. breit muss er jede dieser beiden Tischplatten machen?

Antwort. Die ½ Mal so grosse Tischplatte muss werden lang: 2,08 × 0,707 = 1,47056 m, d. s. 1,471 m, u. 1,53 × 0,707 = 1,08171 m = 1,082 m breit.

Die 2 mal so grosse Tischplatte aber muss werden lang: 2,08 × 1,414 = 2,94112 m = 2,041 m ca., u. breit: 1,53 × 1,414 = 2,1634 m = 2,164 m ca., weil $\sqrt{1/2} = 0{,}707$, u. $\sqrt{2} = 1{,}414$.

§ 34. M) Die regulairen Polygone
(oder Vielecke).

Jede geradlinige Figur von mehr als 4 Seiten, welche alle gleich gross sind, heisst ein **regulaires Vieleck**.

Die Fläche f eines jeden regulairen (d. h. regelmässigen) Polygons oder Vielecks ist, wenn s eine Seite, n die Anzahl der Seiten desselben, u. h die Höhe von des Polygons Mittelpunkt auf irgend eine Seite desselben bezeichnet, nach No. 147) $f = \frac{nsh}{2}$.

Formeln für die regulairen Figuren überhaupt.

Lauf. №	für das regulaire	wenn gegeben ist	u. gesucht wird	so ist die entsprechende Formel:
148	Drei-	s	f	$= s^2 \times 0{,}43301$.
149	eck	f	s	$= 1{,}51967 \cdot \sqrt{f}$.
150	Vier-	s	f	$= s^2$.
151	eck	f	s	$= \sqrt{f}$.
152	Fünf-	s	f	$= s^2 \times 1{,}72048$.
153	eck	f	s	$= 0{,}76239 \sqrt{f}$.
154	Sechs-	s	f	$= s^2 \times 2{,}59808$.
155	eck	f	s	$= 0{,}6204 \sqrt{f}$.
156	Sieben-	s	f	$= s^2 \times 3{,}63391$
157	eck	f	s	$= 0{,}52458 \cdot \sqrt{f}$.

Lauf. №.	für das reguläre	wenn gegeben ist	u. gesucht wird	so ist die entsprechende Formel:
158	Acht-	s	f	$= s^2 \times 4{,}82843.$
159	eck	f	s	$= 0{,}45509 \sqrt{f}.$
160	Neun-	s	f	$= s^2 \times 6{,}18182.$
161	eck	f	s	$= 0{,}1022 \sqrt{f}.$
162	Zehn-	s	f	$= s^2 \times 7{,}69421.$
163	eck	f	s	$= 0{,}36051 \sqrt{f}.$
164	Elf-	s	f	$= s^2 \times 9{,}36564.$
165	eck	f	s	$= 0{,}32676 \sqrt{f}.$
166	Zwölf-	s	f	$= s^2 \times 11{,}19615.$
167	eck	f	s	$= 0{,}29886 \sqrt{f}.$

Beispiele. 56) Wie gross ist die Fläche eines regulairen Neunecks, dessen Seite 3,1 m, u. bei welchem die Höhe aus seinem Mittelpunkte auf eine Seite 4,357 m beträgt?

Antwort. $f = \frac{nsh}{2} = \frac{9 \cdot 3{,}1 \cdot 4{,}357}{2} = \frac{121{,}5603}{2} \square m =$ 60,78015 $\square$ m $= 60 \square$ m 78 $\square$ dm u. 1½ $\square$ cm.

57) Wie gross ist die Fläche eines regulairen Zehnecks, dessen Seite 5,2 m, u. dessen senkrechter Abstand vom Mittelpunkte 8,43 m ist?

58) Der ganze Umfang eines regulairen Zwölfecks beträgt 80 m, u. die Höhe eines seiner Dreiecke 12,85 m. Wie gross ist seine Fläche?

59) Ein regulair achteckiger Gartensalon soll mit kleinen Stein-Quadratplatten von 0,4 m Seitenl. belegt werden. Wieviele solcher Platten sind erforderlich, wenn jede Seite dieses Salons 4,93 m lang ist, u. deren Entfernung vom Mittelpunkte 5,24 m beträgt?

60) Die Seite eines regulairen Sechsecks ist 0,84 m lang; wie gross ist seine Fläche?

61) Es soll eine regulaire sechseckige Tischplatte von

1,75 ☐ m Fläche gefertigt werden. Wie lang wird jede Seite derselben sein müssen?

62) In einem Garten soll zu einer Blumenpflanzung ein Stück Land in Form eines regulairen Sechsecks von $2^3/_4$ ☐ m abgesteckt werden. Wie lang wird jede Seite sein müssen?

63) Die Seite eines regulairen Sechseckes ist 0,34 m lang; wie gross ist seine Fläche?

64) Man bedarf einer Messingplatte von 0,75 ☐ m in Form eines regulairen Sechseckes. Wie lang wird jede Seite derselben sein müssen?

65) Ein regulair sechseckiger Gartensalon von je 3 m Seitenlänge, soll mit 0,175 m breiten quadratförmigen Steinplatten belegt werden; wieviele derselben bedarf man?

66) Jede Seite eines regulairen Sechseckes misst 2,03 m; wie gross ist dessen Inhalt?

67) Eine regulair sechseitige Tischplatte von 0,9 ☐ m Fläche soll mit Wachstuch überzogen werden. Wieviele 0,009 m von einander abstehender Metallstifte braucht man zur Befestigung dieser Wachstuchdecke?

§ 35. N) Die Flächen der irregulairen Polygone

berechnet man entweder dadurch, dass man a) das Polygon durch Diagonalen d — von denen aber keine durch die andere gehen darf — in Dreiecke, 1, 2, 3, 4 etc. (Fig. 15) zerlegt, diese aus ihrer Grundlinie und Höhe berechnet, so giebt die Summe der Inhalte aller dieser Dreiecke den Flächeninhalt des ganzen Vielecks. Oder b) indem man von der obersten Spitze a des Vielecks auf die ihr gegenüberliegende Grundlinie d e eine Lothrechte fällt, hierauf zur Grundlinie durch jede — ausser der obersten — Ecke eine Parallele zieht, u. sodann die so entstehenden Trapeze u. das oberste (od. unterste) Dreieck berechnet, so giebt die Summe dieser Inhalte den Flächeninhalt des Vieleckes.

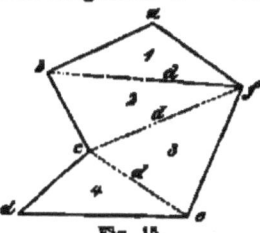

Fig. 15.

Hat aber das Vieleck keine Grundlinie, sondern endet

oben u. unten in einer Spitze, so zieht man durch die unterste Spitze zur obersten Ecke eine Parallele, zieht zu derselben durch jeden Winkelpunkt des Vieleckes (ausser dem obersten) eine Parallele, u. fällt dann von der obersten Spitze (oder Ecke) auf die durch die unterste Spitze gezogene Linie eine Lothrechte, so giebt die Flächensumme der so entstehenden Dreiecke u. Trapeze den Flächeninhalt des ganzen Vieleckes. Oder endlich c) indem man das Vieleck in ein Dreieck verwandelt, dessen Fläche man aus seiner Grundlinie u. Höhe berechnet, so ist diese der Inhalt des Vielecks.

Aufgabe. 68) Die in der Baupraxis am häufigsten vorkommenden regulairen Vielecke sind: das regulaire Fünf-, Sechs- u. Acht-Eck. Um nun über einer gegebenen geraden Linie a b ein regulaires Fünfeck zu construiren, beschreibt man 1) mit der gegebenen Linie a b (Fig. 16) aus ihren beiden Endpunkten die beiden Kreise A u. B. 2) Aus dem Punkte c, wo sich beide Kreise unterhalb a b schneiden, beschreibt man mit a b einen 3ten Kreis C; verlängert sodann 3) die Verbindungslinie der beiden Kreisschneidepunkte d u. c bis in den Umfang des 3ten Kreises C; zieht 4) aus e durch a u. b die Linien e f u. e h bis in die Peripherie der Kreise A u. B; beschreibt 5) aus f u. h mit a b die sich bei g schneidenden kleinen Kreuzbogen, u. verbindet endlich 6) g mit f u. h, so ist a f g h b das regulaire Fünf-Eck über a b.

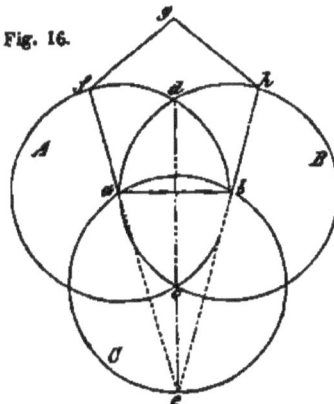

Fig. 16.

Aufgabe. 69) Ueber einer gegebenen geraden Linie a b (Fig. 17) ein regulaires Sechseck zu beschreiben.

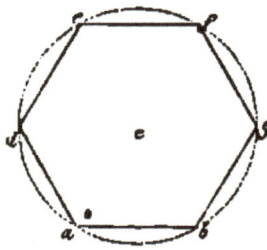

Fig. 17.

Auflösung. Beschreibe mit a b aus a u. b bei c Kreuzbogen, u. aus deren Durchschneidungspunkte c mit a b einen Kreis, in welchen man dann a b von a links herum nach b, die a b noch 5 Mal einträgt, so ist a d e f g b das verlangte regulaire Sechseck über der a b.

Aufgabe. 70) Ueber einer geraden Linie a b ein regulaires Achteck zu verzeichnen.

Auflösung. Man errichtet auf der a b (Fig. 18) in a u. b einen Winkel von $\frac{180(n-2)}{n} = \frac{180.(8-2)}{8} = \frac{180.6}{8} =$ 45.3 = 135° (Grad), macht jeden der beiden neuen Schenkel = a b, halbirt dieselben,

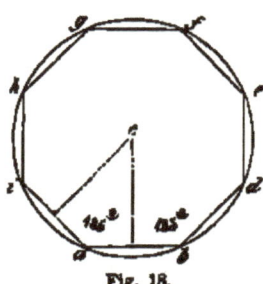

Fig. 18.

(also a i u. a b) senkrecht, bis sich ihre Halbirungslinien in c schneiden, worauf man mit c a oder c b einen Kreis beschreibt, in dessen Umring man die a b von a aus links nach b hin noch 7 mal einträgt, die Sehnen i b, b g, g f, f e u. e d zieht, so ist a b d e f g h i a das über a b construirte regulaire Achteck.

2. Auflösung. Man multiplicirt die auf dem Maassstabe gemessene a b, mit 1,307, so giebt das Produkt die Grösse des Radiuses. Mit dieser Radiuslänge schlägt man aus den beiden Endpunkten a u. b der gegebenen Linie a b über derselben zwei sich bei c schneidende Bogen. Beschreibt man nun mit diesem Radius aus c einen Kreis, so kann man die a b aus a noch 7 mal nach links bis b herumtragen, u. nun das regulaire Achteck a b d e f g h i a vollenden.

§ 36. O) Vom Kreise.

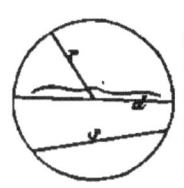

Fig. 19.

1) Das Verhältniss des Durchmessers (diameters, bez. durch d) zum Umringe u (Peripherie) desselben Kreises ist nach Archimedes = 7 : 22; genauer aber = 106 : 333; noch genauer (nach Metius = 113 : 355, u. nach Ludolf von C'culn = 1 : 3,141592653589 ....

Das Verhältniss 7 : 22 ist nur bis auf $\frac{1}{100}$, das von 106 : 333, ist bis auf $\frac{1}{10000}$, u. das von 113 : 355 ist bis auf $\frac{1}{1000000}$ genau. Wo einige Schärfe nöthig ist, bedient man sich des Verhältnisses: d : u = 106 : 333. — Die ludolph'sche Zahl 3,14159... bezeichnet man durch π.

2) Das Verhältniss des Quadrates des Durchmessers zu seiner Kreisfläche (also $d^2 : f$) = 1 : 0,78539816..., u. wird annähernd bequem ausgedrückt durch $^{11}/_{14}$ = 1 : 0,7857...

3) Einzelne Hilfszahlen sind: π^2 = 9,8696; π^3 = 31,006277...; $\sqrt{\pi}$ = 1,772454, u. $\sqrt[3]{\pi}$ = 1,464592....

Bezeichnet nun r den Radius (oder Halbmesser), d den Durchmesser, u den Umring (oder die Peripherie), f die Fläche, u. π = 3,141592..., so erhält man:

Lauf. №	wenn gegeben ist:	u. gesucht wird:	die entsprechende Formel:
168	d		$= \frac{d}{2}$.
169	u	r	$= u \cdot 0{,}159155 = \frac{u}{2\pi}$.
170	f		$= 0{,}564189 \sqrt{f} = \sqrt{\frac{f}{\pi}}$.

Lauf. №:	wenn gegeben ist:	u. gesucht wird:	die entsprechende Formel:
171	r	d	$= 2r$.
172	u		$= u \cdot 0,31831 = \frac{u}{\pi}$.
173	f		$= 1,128379 \sqrt{f} = \sqrt{\frac{f}{0,785}}$.
174	r	u	$= r \cdot 6,283185 = 2r\pi$.
175	d		$= d \cdot 3,141592\ldots = d\pi$.
176	f		$= 3,544908 \sqrt{f} = 2\sqrt{\pi f}$.
177	r	f	$= r^2 \cdot 3,14159\ldots = r^2\pi$.
178	d		$= d^2 \cdot 0,785398 = \frac{d^2\pi}{4}$.
179	u		$= u^2 \cdot 0,079577 = \frac{u^2}{4\pi}$.

Beispiele. 71) Wie gross ist der Umfang eines Kreises von 0,09 m Durchmesser?

Antwort. Nach Formel No. 175, ist u = d.3,14159... = 0,09.3,14159 = 0,2827431 m, d. s. 2 dm 8 cm u. 3 mm.

72) Mit welcher Zirkelspannung (r) ist ein Kreis von 1,345 m Umfang zu beschreiben?

73) Der unterste Umring eines Baumes misst 1,456 m; wie gross ist sein Durchmesser?

74) Wie gross ist der Umring eines Kreises von 2,841 m Durchmesser?

75) Wieviel beträgt der Umfang eines grossen Schwungrades von 3,322 m Durchmesser?

76) Wieviele Umläufe macht ein Rad von 1,667 m Durchmesser auf der Strecke von 1 Neumeile (à 7500 m)?

77) Mit welcher Zirkelspannung (r) wird ein Kreis von 1,234 m Umfang beschrieben?

78) In einem Park soll ein kreisrundes Stück Land von 100 m Umfang abgestochen werden. Wie lang muss die Radiusschnur sein, mit welcher man diesen Kreis beschreibt?

— 77 —

79) Wieviele 0,009 m von einander abstehende Metallstiftchen bedarf man zur Befestigung einer Wachstuchdecke auf den breiten Rand eines kreisrunden Tisches von 1,334 m Durchmesser?

80) Zu einem anderen kreisrunden Tische hatte man bei einem Abstande von 0,012 m, 300 Messingstiftchen gebraucht; wieviele Meter (m) Durchmesser hatte diese Tischplatte?

81) Ein Rad macht auf der Strecke einer Neu-Meile (zu 7500 m) 6000 Umläufe; welchen Durchmesser hat dieses Rad?

82) Auf einem Bergwerke hat eine Rolle von 0,667 m Durchmesser mit 36 Umläufen einen Kübel aus der Tiefe heraufgeholt. Wie tief ist diese Grube?

83) Wie gross muss der Durchmesser einer Rolle sein, wenn man aus einer Tiefe von 100 m mit 40 Umläufen einen Kübel heraufwinden will?

84) Wie verhalten sich die Umlaufsgeschwindigkeiten zweier Räder von 0,027 m, u. von 8 cm (= 0,08 m) Durchmesser zu einander, welche an einer u. derselben Axe in einerlei Zeit gleiche Räume durchlaufen?

85) An der Decke eines kreisrunden Saales soll ein Gesims mit 56 cm aus ihrer Mitte von einander abstehenden Metallrosetten ausgeschmückt werden. Wieviele solcher Rosetten bedarf man, wenn der Saal 10 m im Durchmesser hat?

§ 37. F) Der Kreisbogen (Fig. 20)

ist nur ein Theil des Kreisumringes. Man theilt die Kreisperipherie (Kreisumring) in 360 Grade (°) zu 60 Minuten (′) à 60 Secunden (″) à 60 Tertien (‴) ein. Die wirkliche in Meter etc. auszudrückende Länge eines Bogens B, hängt theils von der Grösse des Radius oder des Durchmessers, theils aber auch von der Anzahl der Grade = n ab, welche der Bogen a e b, oder sein Mittelpunktswinkel a e b fasst. Hiernach ist jeder grössere oder kleinere Bogen =

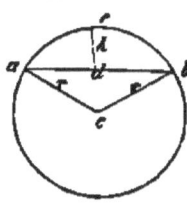

Fig. 20.

— 78 —

$\frac{n°}{360°}$ von seiner Peripherie u, u. weil die Peripherie eines jeden Kreises $= 2r\pi = d\pi$ ist, so findet man die Bogenlänge B

No. 180) entweder $= \frac{r\pi n}{180}$

oder 181) oder $= \frac{d\pi n}{360}$, u. leitet hieraus folgende Formeln ab:

182) für den Radius $r = \frac{180B}{n\pi}$,

183) „ „ Durchmesser $d = \frac{360B}{n\pi}$, u.

184) „ die Anzahl d. Grade $n = \frac{180B}{r\pi} = \frac{360D}{d\pi}$.

Beispiele. 86) Wie lang ist ein Kreisgewölbebogen von 36° (Grad), wenn der Durchmesser seines Kreises 2,943 m ist?

Antwort. Hier ist $B = \frac{d\pi n}{360} = \frac{2,943.3,14.36}{360} = 0,2943.3,14 = 0,924102$ m.

87) Wieviele Grad entsprechen einen 11,4 m langen Bogen von 3,45 m Radius?

88) Wie lang ist ein Bogen von 120 Graden, wenn sein Kreisdurchmesser 3,33 m beträgt?

89) Der Durchmesser eines Kreises ist 1,356 m; wie lang ist ein Bogenstück von 80 Graden?

90) Welcher Radius entspricht einem Kreise, von welchem ein Bogen von 108 Grad 1,02 m misst?

91) Wenn man den Durchmesser der Erde zu 1727,48 Neu-Meilen (= 1720 preuss. Meilen) annimmt; wie weit liegen demnach 2 Orte von einander, deren Zwischenraum 1 Grad beträgt?

92) Wieviele ☐ Meter etc. plano misst die innere Fläche eines 1,678 m tiefen Bogengewölbes von 90 Graden, wenn der Durchmesser des zugehörigen Kreises 2,678 m beträgt?

93) Wieviele Grade, Minuten u. Secunden schliesst ein 2,678 m langer Kreisbogen von 1,678 m Durchmesser in sich ein?

§ 38. Q) Die Sehne (Chorda) (Fig. 20)
ist eine gerade Linie, welche innerhalb des Kreises 2 Punkte des Umfanges verbindet; der **Durchmesser** ist die grösste Sehne im Kreise. Den senkrechten Abstand einer Sehne a b ($=$ c) vom Mittelpunkte c des ihr gegenüberliegenden Bogens, nennt man ihre **Höhe** h, (welche man auch den **Pfeil** nennt), u. bezeichnet den Durchmesser des Kreises, auf welchem dieser Pfeil steht, mit d, die Sehne aber durch c. Man erhält nun folgende Formeln:

185) Für die Sehne $c = 2\sqrt{(dh-h^2)}$;

186) „ den Durchmesser $d = h + \dfrac{c^2}{4h}$, u.

187) „ die Höhe $h = \sqrt{[\tfrac{1}{4}(d^2-c^2)]} + \dfrac{d}{2}$.

Beispiele. 94) Wie lang ist die Sehne eines Kreises von 2 m Durchmesser, wenn ihr Pfeil 0,332 m misst?

Antwort. Nach Formel No. 185 ist $c = 2\sqrt{(2 \cdot 0{,}332 - 0{,}332^2)} = 2\sqrt{(0{,}664-0{,}110224)} = 2\sqrt{0{,}553776} = 2 \cdot 0{,}744 = 1{,}488$ m $= 1$ m 4 dm 8 cm u. 8 mm.

95) Wie gross ist der Durchmesser desjenigen Kreises, in welchem eine Sehne von 2,663 m Länge, eine Höhe von 1 m hat?

96) Wie weit steht eine Sehne von 3,234 m Länge von ihrem zugehörigen Bogen ab, wenn der Durchmesser ihres Kreises 3,663 m lang ist?

97) Wie lang ist die von ihrem Bogen 2 m weit abstehende Sehne eines Kreises von 5,32 m Durchmesser?

98) Wie gross ist der Durchmesser eines Kreises, in welchem eine Sehne von 3,332 m Länge, eine Höhe von 2,673 m hat?

99) Wie gross ist der Abstand einer Sehne von 1,323 m Länge, wenn ihr Kreisdurchmesser 5,43 m beträgt?

§ 39. R) Die Kreisfläche.

Man kann sich die Kreislinie als den Umfang eines regulairen Vielecks von unendlich vielen möglichst kleinen Seiten, u. also die **Kreisfläche** als die Summe aller derjenigen unendlich kleinen Dreiecke vorstellen, welche durch die Radien entstanden gedacht werden können. Die Höhe eines solchen unendlich kleinen Dreiecks fällt alsdann ihrer Grösse nach mit der Grösse des Radius zusammen. Bezeichnet man nun jede dieser Dreiecksseiten mit a, u. die Höhe eines solchen Dreiecks — dem Radius gleich — durch r, so ist die Fläche eines jeden dieser unendlich kleinen Dreiecke $= \frac{ar}{2}$. Da nun aber die Summe aller Grundlinien dieser eingebildeten unendlich kleinen Dreiecke dem Umfange $u = 2r\pi = d\pi$ des Kreises ausmacht, so beträgt die Summe aller dieser Dreiecksflächen — also die **Kreisfläche** selbst, $= 2r\pi \cdot \frac{r}{2} = r^2\pi$. Und weil ferner nach § 36 für r auch dessen beide Werthe $\frac{d}{2}$, oder $\frac{u}{2\pi}$ gesetzt werden können, so ergeben sich daraus für die **Kreisfläche** f — je nach dem man dieselbe aus dem Radius r, oder dem Durchmesser d, oder aus dem Umfange u, berechnen will — folgende 3 Grundformeln:

188) $f = \frac{d^2\pi}{4} = d^2 \cdot 0{,}785$;

189) $f = r^2\pi$, u. 190) $f = \left(\frac{u}{2\pi}\right)^2 = \frac{u^2}{4\pi^2}$.

Durch Reduktion findet man ferner für:

191) $r = \sqrt{\frac{f}{\pi}}$; 192) $d = 2\sqrt{\frac{f}{\pi}} = \sqrt{\frac{f}{0{,}785}}$, und

193) $u = 2\sqrt{f\pi}$.

Beispiele. 100) Wie gross ist die Fläche eines Kreises von 2,32 m Radius?

Antwort. $2{,}32^2 \cdot 3{,}14 = 16{,}900736$ ☐m $= 16$ ☐m 90 ☐dm 7 ☐cm u. 36 ☐mm.

101) Wie gross ist die Fläche einer kreisrunden Reitbahn von 53,45 m Durchmesser?

102) Wie gross ist die Fläche einer kreisrunden Tischplatte von 5,23 m Umfang?

103) Es soll ein kreisrunder Fussboden von 40 ☐dm gefertigt werden. Mit welcher Zirkelspannung muss der Kreis beschrieben werden, wenn zur Einfalzung noch $^1/_4$ cm zugegeben werden muss?

104) Wieviele 12 mm von einander abstehende Metallstiftchen bedarf man zur Befestigung einer Wachstuchdecke über einen runden Tisch von 2 ☐ m Fläche?

105) Welche Fläche hat ein Kreis von 34 cm Durchmesser?

106) Wie gross ist die Fläche eines Kreises von $2^3/_4$ m Umfang?

107) Wie gross ist der Radius eines Kreises von $6^1/_4$ ☐ m Fläche?

108) Wie gross ist der Umfang einer $24^1/_4$ ☐ m enthaltenden Kreisfläche?

109) Die Wachstuchdecke über einen kreisrunden Tisch ist mit 234 Messingstiftchen befestigt, welche je 12 mm von einander abstehen. Wie gross ist die Oberfläche dieser Tischplatte?

110) Dicht am Ufer eines kreisrunden Teiches stehen 1 m von einander 128 Bäume. Wie gross ist die Oberfläche dieses Teiches, wenn durchschnittlich auf jeden Baum noch $1^1/_4$ dm Durchmesser seiner Stammdicke zu rechnen ist?

111) Wie gross ist die Fläche eines kreisrunden Platzes von 50 m Durchmesser?

112) Wie gross muss der Radius eines 8 ☐ m grossen kreisrunden Rasenplatzes genommen werden?

113) Wieviel misst der Umfang einer 1 ☐ m grossen Kreisfläche?

114) Welche Fläche hat ein Kreis von 0,2 m Durchmesser?

115) Eine hölzerne Walze von 4 ☐ dm Grundfläche soll an drei gleichweit von einander entfernten Stellen mit eisernen Reifen belegt werden. Wieviel wiegen die dazu nöthigen Reifen, wenn $33^1/_1$ cm Reife zu $1^1/_4$ Pfd. angenommen werden?

116) Wie gross ist der Durchmesser eines Kreises von 25 ☐ m Fläche?

117) Welchen Durchmesser hat ein Kreis von 1 Ar Fläche?

118) Der Radius eines Kreises ist 2,34 m; wie gross ist seine Fläche?

119) Eine kreisrunde, an ihrer Grundfläche $4/_5$ ☐ m messende, u. 16 cm dicke Holzscheibe, soll an der äusseren

Kante mit Leder belegt werden. Wieviele ☐ dm Leder sind hierzu erforderlich?

120) Zu einer kreisrunden hölzernen Scheibe von 5 cm Stärke hat man $1^{1}/_{5}$ ☐ m Leder für den Rand verbraucht. Wie gross war die Grundfläche dieser Scheibe?

121) Welche Fläche hat ein Kreis der Erde durch ihren Mittelpunkt, wenn der Erddurchmesser 1720 deutsche Meilen lang anzunehmen ist?

122) Die Durchmesser dreier Kreise sind der Reihe nach: 1 m, $1^{1}/_{2}$ m u. $1^{3}/_{4}$ m. Es fragt sich nun: a) wie gross ist die Summe ihrer 3 Kreisflächen, u. b) wie gross würde der Umfang eines Kreises sein, welcher an Fläche der Summe jener drei Kreise gleich wäre?

123) Wie weit läuft ein Rad von $1^{3}/_{4}$ m Fläche nach 1000 Umdrehungen?

124) Wie gross müsste die Grundfläche einer Scheibe sein, wenn sie gleich einem Rade um ihre Axe sich drehend, mit 80 Umdrehungen auf einer Ebene 640 m weit fortrollen sollte?

125) Wie gross ist die Fläche eines Kreises von 2 dm 4 cm u. 5 mm Radius?

126) Wie gross ist der Durchmesser eines $2^{1}/_{4}$ Are grossen kreisrunden Platzes?

127) Wie gross ist der Umfang eines Kreises, der so gross ist, als 2 andere Kreise zusammen, von denen der eine 25 dm Umfang, der andere aber $1^{3}/_{4}$ m Radius hat?

§ 40. 8) Die Ringfläche (Fig. 21 u. 22)

nennt man den Raum A zwischen zwei in einander liegender Kreise, und nennt diese Fläche kurzweg den Kreisring. — Bezeichnet nun U den Umring des grösseren, u den des kleineren Kreises, und ebenso R den Radius des grösseren, r aber den des kleineren Kreises, und A die Ringfläche selbst, so ist die Fläche des grösseren

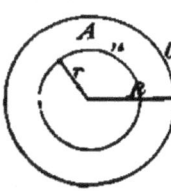

Fig. 21.

— 83 —

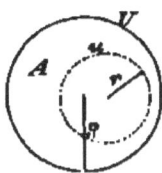

Fig. 22.

Kreises $R^2\pi$, die des kleineren $r^2\pi$; ebenso ist die grössere Kreisfläche $= \dfrac{U^2}{4\pi}$, u. die innere kleinere $= \dfrac{u^2}{4\pi}$, also $f = R^2\pi - r^2\pi = (R^2-r^2)\pi$, u. ebenso auch $f = \dfrac{U^2}{4\pi} - \dfrac{u^2}{4\pi} = \dfrac{U^2-u^2}{4\pi}$.

Ist demnach

Lauf. №	gegeben	u. gesucht wird:	so ist die entsprechende Formel:
194	R u. r	f	$= (R^2-r^2)\pi = \frac{1}{4}(D^2-d^2)\pi$ für die Durchmesser.
195	U u. u		$= \dfrac{U^2-u^2}{4\pi}$.
196	f u. r	R	$= \sqrt{[r^2 + \dfrac{f}{\pi}]}$.
197	f u. R	r	$= \sqrt{[R^2 - \dfrac{f}{\pi}]}$.
198	f u. u	U	$= \sqrt{[u^2 + 4\pi f]}$.
199	f u. U	u	$= \sqrt{[U^2 - 4\pi f]}$.

Beispiele. 128) Welche Fläche enthält eine überall gleichbreite u. ringförmige Blumenrabatte, wenn der Radius des äusseren Kreises 6 m, der des inneren aber $4\frac{1}{2}$ m beträgt?

Antwort. Nach Formel No. 194) ist $f = (6^2 - 4,5^2) \cdot 3,141 = (36 - 20,25) \cdot 3,141 = 15,75 \cdot 3,141 = 49,47075$ ☐ m.

129) Der äussere Umkreis einer Ringfläche ist 3,32 m, der innere Umkreis aber 2,667 m; wie gross ist diese Ringfläche?

130) Um einen Kreis von 3 m Radius soll eine gleichbreite Ringfläche von $5\frac{3}{4}$ ☐ m angelegt werden; mit einer wie langen Radiusschnur muss der äussere Kreis beschrieben werden?

131) In einen Kreis von $4\frac{1}{2}$ m Radius soll eine con-

centrische Ringfläche von 40½ ☐ m beschrieben werden. Wie gross muss der Radius des inneren Kreises werden?

132) Um einen Kreis von 30¼ m Umfang ist eine concentrische Ringfläche von 30 ☐ m beschrieben. Wie gross ist der Umfang des äusseren Kreises?

133) Der Radius des äusseren Kreises einer Ringfläche ist 9½ m, u. der des inneren Kreises ist 5¼ m; wie gross ist diese Ringfläche?

134) Wie gross ist die Ringfläche zweier excentrischer Kreise, wenn der äussere 28 cm, die innere aber 20 cm Umfang hat?

135) Wie gross ist die Fläche einer 3 m breiten ringförmigen Rabatte, deren äusserer Radius 10 m beträgt?

136) Um ein kreisrundes Stück Gartenland von 34 m Durchmesser, soll 1½ m breit ringförmig gepflastert werden. Wie hoch kömmt ohne die Steinfuhren diese Pflasterung, wenn für jede 2 ☐ meter 16¼ Sgr. Lohn gerechnet wird?

137) Wie theuer würde diese Pflasterung innerhalb des Kreises für dieselbe (1½ m) Breite zu stehen kommen?

138) Genau in der Mitte der Breite eines 2000 ☐ m grossen ringförmigen Stück Gartenlandes, sollen 2 m weit von einander Bäume ringsum gepflanzt werden. Wenn nun der Durchmesser des inneren Kreises 60 m beträgt, so fragt es sich, wieviele Bäume à 2 cm Durchmesser man dazu bedarf?

139) Wie breit wird eine Ringfläche von 400 ☐ m um einen Kreis herum, dessen Radius 6¼ m beträgt?

140) Wieviele ☐ m beträgt die ringförmige Besetzung mit Leder zu einer 2½ ☐ m grossen Holzscheibe, wenn in der Mitte derselben der nicht zu belegende Kreis 0,65 m Radius hat?

§ 41. T) Formeln für die regulairen Vielecke in u. um den Kreis.

Bezeichnet a die Seite, R den Radius des umgeschriebenen, r den Radius des eingeschriebenen Kreises, und f die Fläche jedes regulairen n-Ecks (Polygons), so erhält man, wenn

Lauf. №	für das reguläre	gegeben ist	u. gesucht wird	die entsprechende Formel:
200		R	f	$= R^2 \cdot 1{,}299.$
201		R	a	$= R \cdot 1{,}73205 = R\sqrt{3}.$
203		r	a	$= r \cdot 3{,}4641 = 2r\sqrt{3}.$
204	Dreieck	a	R	$= a \cdot 0{,}57735 = \frac{a}{3}\sqrt{3}.$
205		r	r	$= 2r.$
206		a	r	$= a \cdot 0{,}28868 = \frac{a}{6}\sqrt{3}.$
207		R	r	$= \frac{R}{2}.$
208		R	f	$= 2r^2.$
209		R	a	$= R \cdot 1{,}41421 = R\sqrt{2}.$
210		r	a	$= 2r.$
211	Viereck	a	R	$= a \cdot 0{,}70711 = \frac{a}{2}\sqrt{2}$
212		r	R	$= r \cdot 1{,}41421 = r\sqrt{2}$
213		a	r	$= \frac{a}{2}.$
214		R	r	$= R \cdot 0{,}70711 = \frac{R}{2}\sqrt{2}$
215		R	f	$= R^2 \cdot 2{,}3776.$
216		R	a	$= R \cdot 1{,}17557 = \frac{R}{2}\sqrt{(10 - 2\sqrt{5})}.$
217		r	a	$= r \cdot 1{,}45309 = 2r\sqrt{(5 - 2\sqrt{5})}.$
218	Fünfeck	a	R	$= a \cdot 0{,}85065.$
219		r	R	$= r \cdot 1{,}23607 = r\sqrt{(5 - 1)}.$
220		a	r	$= a \cdot 0{,}68819.$
221		R	r	$= R \cdot 0{,}80902 = \frac{R}{4}(1 + \sqrt{5}).$
222	Sechseck	R	f	$= R^2 \cdot 2{,}598.$
223		R	a	$= R.$

Lauf. №	für das reguläre	wenn gegeben ist	a. gesucht wird	die entsprechende Formel:
224		r	a	$= r \cdot 1{,}1547 = \frac{2r}{3}\sqrt{3}.$
225	Sechs-	a	R	$= a.$
226	eck	r	R	$= r \cdot 1{,}1547.$
227		a	r	$= a \cdot 0{,}86603.$
228		R	r	$= R \cdot 0{,}86603.$
229		R	f	$= R^2 \cdot 2{,}74.$
230		R	a	$= R \cdot 0{,}86777.$
231	Sieben-	r	a	$= r \cdot 0{,}96315.$
232	eck	a	R	$= a \cdot 1{,}15238.$
233		r	R	$= r \cdot 1{,}10992.$
234		a	r	$= a \cdot 1{,}03826.$
235		R	r	$= R \cdot 0{,}90097.$
236		R	f	$= R^2 \cdot 2{,}8284.$
237		R	a	$= R \cdot 0{,}76537.$
238	Acht-	r	a	$= r \cdot 0{,}82843.$
239	eck	a	R	$= a \cdot 1{,}30656.$
240		r	R	$= r \cdot 1{,}08236.$
241		a	r	$= a \cdot 1{,}20711.$
242		R	r	$= R \cdot 0{,}92388.$
243		R	f	$= R^2 \cdot 289.$
244		R	a	$= R \cdot 0{,}68404.$
245	Neun-	r	a	$= r \cdot 0{,}72494.$
246	eck	a	R	$= a \cdot 1{,}4619.$
247		r	R	$= r \cdot 1{,}06418.$
248		a	r	$= a \cdot 1{,}37374.$
249		R	r	$= R \cdot 0{,}93969.$
250		R	f	$= R^2 \cdot 2{,}9389.$
251	Zehn-	R	a	$= R \cdot 0{,}61803.$
252	eck	r	a	$= r \cdot 0{,}64984.$
253		a	R	$= a \cdot 1{,}61803.$
254		r	R	$= r \cdot 1{,}05146.$

Lauf. №	für das reguläre	wenn gegeben ist	u. gesucht wird	die entsprechende Formel:
255	Zehneck	a	r	= a.1,53884.
256		R	r	R.,95106.
257		R	f	R.2,96.
258		R	a	= R.0,56317.
259	Elfeck	r	a	= r.0,58725.
260		a	R	= a.1,77473.
261		r	R	= r.1,04222.
262		a	r	= a.1,70248.
263		R	r	= R.0,95949.
264		R	f	= R.3.
265		R	a	= R.0,51764.
266	Zwölfeck	r	a	= r.0,5359.
267		a	R	= a.1,93185.
268		r	R	= r.1,03528.
269		a	r	a.1,86603.
270		R	r	= R.0,96593.

Beispiele. 141) Wie gross ist die Fläche des um einen Kreis von 3 dm Radius beschriebenen regulären Achtecks (Octogon's)?

Antwort. Nach Formel No. 236, ist f = 3².2,8264 = 25,4556 ☐ dm = 25 ☐ dm 45 ☐ cm u. 56 ☐ mm.

142) Mit welchem Radius muss ein Kreis beschrieben werden, in welchem ein reguläres Fünfeck von 1 ☐ m dargestellt werden soll?

143) Welche Fläche hat ein reguläres Zehneck, wenn der Radius des umschriebenen Kreises 2 dm beträgt?

144) Ein Gartensalon, in Gestalt eines regulären Achtecks von 2½ m Radius des umschriebenen Kreises, soll mit Backsteinen von ¼ m Länge, u. 1 dm Breite belegt werden. Wievicle solcher Backsteine bedarf man?

145) Ein Schreiner soll einen regulären achteckigen Tisch von 1½ ☐ m fertigen. Mit welcher Zirkelspannung muss er den entsprechenden Kreis beschreiben?

146) Es soll ein Platz von 4 ☐ m in Form eines regulairen Sechsecks gepflastert werden; mit welchem Radius muss der entsprechende Kreis beschrieben werden?

147) Wie hoch kömmt ohne die Steinfuhren, die Pflasterung eines regulairen fünfeckigen Platzes, dessen umschriebener Radius 16 m ist, wenn für den ☐ m 35 Xr. rhnl. Pflastergeld bedungen ist?

148) Wie gross ist der Radius des umschriebenen Kreises um ein regulaires Dreieck von 1 ☐ m Fläche?

§ 42. U) Seitenberechnung der regulairen Vielecke.

Bezeichnet wie vorhin a die Seite jedes regulairen Vielecks, R den Radius des um dasselbe beschriebenen Kreises, r aber den Radius des in denselben beschriebenen Kreises, so findet man für die regulairen Vielecke um den Kreis
1) die Seite des regulairen

271) Dreiecks = R.1,732.
272) Vierecks = R.1,414.
273) Fünfecks = R.1,176.
274) Sechsecks = R.
275) Siebenecks = R.0,87.
276) Achtecks = R.0,765.
277) Neunecks = R.0,68.
278) Zehnecks = R.0,618.
279) Elfecks = R.0,56, u.
280) Zwölfecks = R.0,52.

2) Dagegen findet man den Radius des um ein regulaires Vieleck beschriebenen, oder noch zu beschreibenden Kreises, für das regulaire

281) Dreieck = a.0,58.
282) Viereck = a.0,71.
283) Fünfeck = a.0,85.
284) Sechseck = a.
285) Siebeneck = a.1,15.
286) Achteck = a.1,31.
287) Neuneck = a.1,46.
288) Zehneck = a.1,62.
289) Elfeck = a.1,78, u.
290) Zwölfeck = a.1,93.

Beispiele. 149) Wie gross ist der Umfang eines regulairen Fünfecks, wenn der Radius des umschriebenen Kreises $1^3/_4$ m beträgt?

Antwort. Nach Formel No. 273, ist a = 5.(1,75.1,176) = 10,29 m, also jede Seite = $\frac{10,290}{5}$ = 2,018 m.

150) Wie lang ist die Seite eines regulairen Zehnecks von $1^3/_4$ m Radius des äusseren Kreises?

151) Wie gross ist die Seite eines in den Kreis ver-

zeichneten Quadrates, wenn der Radius dieses Kreises
$3/4$ m misst?

152) Wie gross ist der äussere Umfang eines regulairen
zehnseitigen Gartensalons, wenn der Radius des Kreises
um denselben 5 m misst?

153) Wieviele Meter Goldleisten bedarf man zur inneren
oberen Einfassung eines regulairen achteckigen Gartensalons
von $3\frac{1}{2}$ m Radius?

154) Wieviele Meter beträgt ein Gesimse an der Decke
eines regulair sechsseitigen Gartensalons von 4 m Radius?

§ 43. V) Der Kreissektor (oder Kreisausschnitt).

Bezeichnet (Fig. 20) b die Länge des Kreisausschnitt-
bogens a c b, n die Grade seines Mittelpunktwinkels, f die
Fläche des Kreissektors; ferner r den Radius, d den Durchmesser, u den Umfang des zugehörigen Kreises, n. π die
ludolf'sche Zahl 3,14159..., so erhält man, wenn

Lauf. №	gegeben ist:	u. gesucht wird:	so ist die entsprechende Formel:
291	f u. n		$= \sqrt{\left(\frac{fn\pi}{90}\right)}$.
292	f u. r	r	$= \frac{2f}{r}$.
293	f u. d		$= \frac{4f}{d}$.
294	f u. u	b	$= \frac{4f\pi}{u}$.
295	r u. n		$= \frac{rn\pi}{180}$.
296	d u. n		$= \frac{dn\pi}{360}$.
297	u u. n		$= \frac{nn}{360}$.

Lauf. №	gegeben ist:	gesucht wird:	so ist die entsprechende Formel:
298	f u. b		$= \dfrac{90 b^2}{f\pi}$.
299	f u. r		$= \dfrac{360 f}{r^2 \pi}$.
300	f u. d		$= \dfrac{1440 f}{d^2 \pi}$.
301	f u. u	n	$= \dfrac{1440 f \pi}{u^2}$.
302	b u. r		$= \dfrac{180 b}{\pi r}$.
303	b u. d		$= \dfrac{360 b}{d \pi}$.
304	b u. u		$= \dfrac{360 b}{u}$.
305	b u. n		$= \dfrac{90 b^2}{\pi n}$.
306	b u. r		$= \dfrac{b r}{2}$.
307	b u. d		$= \dfrac{b d}{4}$.
308	b u. u	f	$= \dfrac{b u}{4\pi}$.
309	r u. n		$= \dfrac{r^2 \pi n}{360}$.
310	d u. n		$= \dfrac{d^2 \pi n}{1440}$.
311	u u. n		$= \dfrac{u^2 n}{1440 \pi}$.
312	f, π u. n	r	$= \sqrt{\left(\dfrac{360 f}{n \pi}\right)}$.
313	f, r u. π	n	$= \dfrac{360 f}{r^2 \pi}$.

Beispiele. 155) Wie gross ist die Fläche eines Kreissektors von 36 Graden u. 1,5 m Radius?

Antwort. Nach Formel No. 309, ist $f = \frac{1{,}5^2 \cdot 36 \cdot 3{,}141}{360}$
$= 0{,}0225 \cdot 3{,}141 = 0{,}0706725$ ☐ m $= 7$ ☐ dm 6 ☐ cm u. $72\tfrac{1}{2}$ ☐ mm.

156) Wie gross ist der Radius desjenigen Kreises, in welchem ein Ausschnitt von 40,2, u. 15 ☐ m Fläche hat?

157) Von wieviel Graden ist ein 2 ☐ m grosser Kreissektor von 4 dm Radius?

158) Wie gross ist die Fläche eines Kreissektors von 40 Grad u. 1¼ m Radius?

159) Ein Kreissektor von 45 Grad hat 8 ☐ m Fläche; wie gross ist sein Radius?

160) Auf wieviel Grade muss man den Transporteur anlegen, um einen Kreissektor von 8 ☐ m Fläche u. 4,513 m Radius zu beschreiben?

161) Wieviele ☐ Meter hält ein Kreissektor von 7 Grad u. 30 Minuten, mit einem Radius von 2 Meter?

162) Der zu einem Kreissektor gehörende Bogen misst 1 m u. 6 dm, u. sein Radius 2,93 m; welche Fläche enthält dieser Kreisausschnitt?

§ 44. W) Das Kreissegment (oder der Kreisabschnitt),

b a c b. (Fig. 20) ist eine 2 seitige Figur, welche ein Bogen a c b, u. die ihn begrenzende Sehne a b bildet, während ein Kreissektor a c b c a (Fig. 20) der von einem Kreisbogen a c b eingeschlossene Mittelpunktswinkel a c b ist. — Bezeichnet nun im Kreissegmente r den Radius des ganzen Kreises, b die Länge des Segmentbogens, n die Anzahl der Grade dieses Bogens (oder seines Centriwinkels), h die Höhe, c die Sehne a b, u. f die Segmentfläche, so erhält man, wenn

Lauf. №	gegeben ist:	u. gesucht wird:	die entsprechende Formel:
314	r, b u. c	f	$= \frac{br}{2} - \frac{c}{4}\sqrt{(4r^2-c^2)}$.
315	r, n u. c	f	$= \frac{r^2\pi n}{360} - \frac{c\sqrt{(4r^2-c^2)}}{4}$.
316	d u. h	c	$= 2\sqrt{(dh-h^2)}$.
317	c u. h	f	$= \frac{2}{3}hc$.
318	b u. c	d*)	$= h + \frac{c^2}{4h}$. *) d bed. des Kreises Durchmesser.
319	d u. c	h	$= \frac{d}{2} + \sqrt{\left[\frac{d^2-c^2}{4}\right]}$.

Z. B. 163) Wie gross ist die Fläche eines Kreissegmentes, dessen Sehne c = 1 m 8 dm, u. dessen Höhe oder Pfeil h = 9 dm beträgt?

Antwort. Nach Formel No. 317, ist $f = \frac{2.0,9.1,8}{3} =$ 2.0,3.1,8 = 1,08 ☐ m, d. i. 1 ☐ m u. 8 ☐ dm.

§ 45. X) Die Fläche einer Kreis-Zone

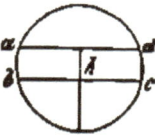

Fig. 23.

a b c d a (Fig. 23) ist jene Fläche im Kreise, welche von zwei parallelen Sehnen a d u. b c gebildet wird. Die Normale zwischen beiden Sehnen bildet die Höhe h der Zone. Die Fläche f einer Zone findet man, wenn ihre Höhe h u. der Radius r des zugehörigen Kreises gegeben sind, durch die Formel: 320) f = 2rh.

Z. B. 164) Welche Fläche hat eine Kreiszone, wenn deren Höhe 4 cm, der Kreisradius aber 1 dm u. 3 cm beträgt?

Antwort. f = 2.1,3.0,4 = 1,04 ☐ dm = 1 ☐ dm u. 4 ☐ cm.

Bemerkung. Die Flächen zweier Kreise verhalten sich wie die Quadrate ihrer Radien wie auch Durchmesser u. Peripherieen.

§ 46. Y) Die Ellypse u. das Oval

(Fig. 24) ist eine regelmässige, länglichrunde, in sich zurücklaufende Linie a b e d a, welche die Eigenschaft hat, dass die Summe der beiden Entfernungen eines jeden Punktes in dieser gekrümmten Linie mit den beiden Brennpunkten m u. n gleich ist der grössten Axe a e, so, dass z. B. die Summe der beiden Linien o m + o n = b m + b n = a e. Es ist jede Ellypse ein Oval, aber ein Oval ist nur dann eine Ellypse, wenn im Ovale ebenfalls die Summe zweier Entfernungen eines jeden Punktes des Ovales mit den beiden Brennpunkten desselben seinem längsten Durchmesser (hier A x e gen.) gleich ist.

Jede Ellypse, wie auch jedes Oval hat 2 Hauptdurchmesser (Axen), u. zwar einen grössten a e, u. einen kleinsten b d, welche beiden Durchmesser einander senkrecht halbiren.

Die beiden Brennpunkte (f o c i) werden sowohl bei der Ellypse, wie auch beim Ovale dadurch gefunden, dass man die grösste Axe a e mit ihrer Hälfte aus einem der beiden Entpunkte (b oder d) der kleinsten Axe b d, in m u. n schneidet, so sind diese beiden Schneidepunkte die gesuchten Brennpunkte der Ellypse u. des Ovals. Um aber diese längste Axe zu finden, verfährt man wie folgt (siehe Fig. 24). Ziehe 1) in der Ellypse od. dem Ovale eine beliebige Linie a b, dann mit dieser parallel eine 2te c d, halbire 2) beide in f u. g, ziehe f g u. halbire f g in m, 3) Beschreibe man aus m mit m h einen Kreis A, welcher die Ellypse in 4 Punkten h, c, r und b durchschneiden muss. Hierauf ziehe man 4) die Linien h c u. b r, halbire dieselben 5) in i und k, u. ziehe die Verbindungslinie i k; verlängere 6) dieselbe oben u. unten, bis sie die Ellypse in l und n trifft, so bildet l n die kürzeste Axe der Ellypse oder des Ovals. Wird endlich 7) diese kürzeste Axe in m senkrecht halbirt, u. diese Halbirungslinie rechts u. links so weit verlängert, bis sie die Ellypse od.

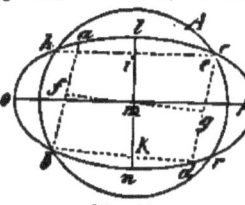
Fig. 24.

das Oval in o u. p trifft, so ist die o p die gesuchte grösste Axe der Ellypse oder des Ovals.

Zusatz. Die Ellypse wie auch das Oval, hat die Gestalt einer auf zwei einander entgegengesetzten Seiten gedrückten Kreislinie. Rein mathematisch durch den schiefen (also mit der Grundfläche nicht parallelen) Durchschnitt eines Kegels.

Da nur sehr Wenige die Construktion (Verzeichnung) der in der Praxis, sowohl im Kleinen (z. B. auf Papier, Marmor, Stein u. dgl.), wie auch im Grossen (z. B. auf Feldern u. in Gärten) vorkommenden Ellypse oder Ovales von gegebener Länge a c, u. Breite b d, bekannt ist, das Verfahren im Kleinen ohne Anwendung des mechanischen Hilfsmittels fast in keinem geometrischen Lehrbuche gefunden wird, so möge eins der Verfahren dazu hier folgen.

a) Für die Construktion der Ellypse etc. im Kleinen: Man lässt 1) die beiden gegebenen Axen a c u. b d in e sich gegenseitig senkrecht halbiren (siehe Fig. 25), so, dass a e = c e, u. b e = c d ist.

Hierauf trägt man 2) die halbe kleine Axe b d (also b e oder c d) aus a auf die grosse Axe nach s, theilt 3) die Linie s e bei t u. u in 3 gleichgrosse Theile, so, dass s t = t u = u e ist. Sodann trägt man 4) einen solchen 3ten Theil, z. B. s t, von s nach r zurück trägt 5) die Linie r e aus e nach f (auf die grosse Axe). Jetzt schlägt man 6) mit r f über- und unterhalb a e bei q u. v Kreuzbogen, zieht durch r und f die unbegrenzt langen Linien q w, q x, v y u. v z. Sodann beschreibt man 7) aus r mit r a den Bogen h a g, u. aus f mit f c (= r a) den Bogen i c k. End-

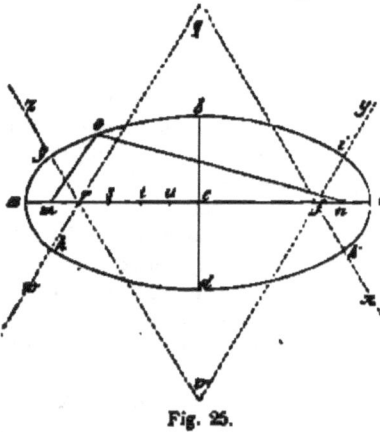

Fig. 25.

lich schlägt man 6) aus q mit q h oder q k den Bogen h d k, u. aus v mit v g oder v i den Bogen g b i, so ist a g b i e k d h a die verlangte Ellypse.

b) **Verfahren im Grossen**, z. B. auf Holz, oder einer Gartenfläche. Man misst 1) mit einer Schnur die lange Axe a e, ab, sucht deren Mitte c, legt 2) von c e ein rechtwinkliges Dreieck mit der einen Cathete so, dass die Spitze oder Ecke des rechten Winkels genau am Punkte c (Fig. 25) liegt; spannt 3) an der anderen freiliegenden Cathete eine 2te Schnur nach diesseits u. jenseits so weit aus, dass der Theil b c = c d = der halben Breite der Ellypse werde, schlägt 4) in die beiden Endpunkte b u. d der Breite (kurzen Axe) der Ellypse einen Nagel oder Pflock fest ein. Hierauf spannt man 5) von b oder d mit einer Schnur von der Länge der halben grossen Axe, also = a c, den andern Endpunkt desselben bis in die grosse Axe bei m u. n aus, in deren beide Punkte (Brennpunkte) man wieder einen Nagel oder Pflock fest einschlägt. Sodann spannt man 6) eine Schnur von m bis hinter b u. n, befestigt deren Enden an den Nagel od. Pflock bei m u. n, worauf man 7) den Nagel oder Pflock bei d herausnimmt, diese Schnur 8) auf Holz mit einem spitzen Bleistifte, auf der Erde aber mit einem spitzen Eisenstifte bis in e (also in das eine Ende der längsten Axe) anspannt, und von diesem Punkte aus den Stift stets fest an die Schnur angedrückt, bis zum anderen Ende der grossen Axe und über derselben weg, führt, so erhält man den oberen ovalen oder ellyptischen Bogen a b c (Fig. 25). Auf gleiche Weise erhält man endlich 9) den unteren Bogen e d a der Ellypse, wenn man die Schnur unter die grosse Axe a e legt, u. mit der Bleistift- oder Eisenspitze dicht an die Schnur drückend, von e durch d bis a fährt.

§ 47. Bezeichnet nun wie bisher f die Fläche, u den Umfang, A die grosse, a aber die kleine Axe der Ellypse, oder des Ovals, so findet man:

No. 321) $f = \left(\frac{A}{2} \cdot \frac{a}{2}\right)\pi = \frac{Aa\pi}{4}$ (rein mathematisch),

oder 322) $f = \frac{11 Aa}{14}$; 323, $A = \frac{14 f}{a}$;

324) $s = 3{,}08 \sqrt{\left(\frac{A^2 + a^2}{2}\right)} = \frac{14f}{A}$, u.

325) $u = 1{,}99\pi \sqrt{\left[\left(\frac{A}{2}\right)^2 + \left(\frac{a}{2}\right)^2\right]}$.

Beispiele. 165) Wie gross ist die Oberfläche einer ellyptischen Tischplatte, deren grosse Axe 1 m 5 dm u. 4 cm, die kleine aber 8 dm lang ist?

Antwort. Nach Formel Nr. 322, ist $f = \frac{11.1{,}54.0{,}8}{14}$ = 11.0,11.0,8 = 0,968 ☐ m. d. s. 96 ☐ dm u. 80 ☐ cm.

166) Die grosse u. kleine Axe eines Ovales sind 7 m u. 5 m; wie gross ist dessen Fläche?

167) Wie gross ist die Fläche einer Ellypse, deren grosse Axe 9 cm u. 4 mm, u. deren kleine 6 cm u. 3 mm ist?

168) Der Boden eines grossen ellyptischen, oder ovalen Braubottichs ist 4 m u. 6 cm lang, u. 3 m 6 cm u. 4 mm breit; wie gross ist dessen Oberfläche.

169) Ein ovaler Platz sei 1 Dm 9 dm u. 3 cm lang, u. habe eine Breite von 8 m 9 cm u. 4 mm. Dieser ovale Platz soll mit Backsteinen von 6 dm 4 cm 6 mm Länge, u. 1 dm 2 cm 3 mm Breite belegt werden. Wie viele solcher Backsteine hat man dazu nöthig?

170) Welche Oberfläche hat eine ovale Tischplatte von 2 m 5 cm u. 4 mm Länge, u. 1 m 9 dm 4 mm Breite?

171) Ein Schreiner soll nach einer grossen ovalen Tischplatte von 2 m 8 dm u. 6 mm Länge, u. 1 m 8 dm u. 4 mm Breite eine völlig diesen Dimensionen ähnliche, aber 4 mal kleinere Tischplatte anfertigen. Wie lang u. breit muss er diese letztere machen?

172) Ein Grasplatz sei ovalrund, u. messe in der Länge 12 m u. 9 dm, in der Breite aber 9 m 1 dm u. 7 mm. Wie gross ist seine Fläche?

173) Wie lang ist die grosse Axe einer Ellypse von 23,1304 ☐ m, wenn ihre kleine Axe 6 m u. 9 mm misst?

174) Wie lang ist die kleine Axe einer ellyptischen Reitbahn von 60 ☐ m u. 23 ☐ cm, wenn deren grosse Axe 3 Dm 9 cm u. 2 mm misst?

175 bis 177) Wie gross ist a) die Oberfläche eines ovalen Tisches von 2 m 9 cm u. 3 mm Länge, u. 1 m 6 dm

— 97 —

u. 4 mm Breite? b) Wie gross ist sein Umfang, u. c) wieviele Personen haben um denselben Platz, wenn für eine jede durchschnittlich 4 dm u. 5 cm Raum gerechnet wird?

178) Ein Gärtner will ein ovales Blumenbeet anlegen von 14 m u. 8 cm Länge, u. 9 m 4 cm 5 mm Breite. Wie weit hat er die beiden Brennpunkte m u. n (Fig. 25) von einander zu nehmen?

179—180) Die Entfernung der Brennpunkte m u. n (Fig. 25) in einer Ellypse sei 6 dm u. 5 mm, und ihre grosse Axe 1 m 2 cm u. 6 mm lang; wie gross ist a) ihre kleine Axe, u. b) wie gross ist ihr Flächeninhalt?

§ 48. Z) Die Parabel, der gothische Bogen, u. die Eylinie.

1) Die Parabelfläche entsteht, wenn ein senkrechter Kegel unterhalb seiner Spitze bis in seine Grundfläche so durchschnitten wird, dass diese Durchschnittsfläche mit der entgegenstehenden äusseren Seite des Kegels parallel ist.

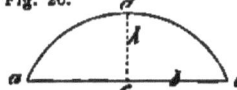
Fig. 26.

Die obere Fläche eines Parabelstückes, dessen Basis a b = b, dessen Scheidel d, und dessen Höhe d c = h ist, findet man durch Formel 326) $f = \dfrac{2bh}{3}$.

Z. B. 181). Wie gross ist die Fläche eines parabolischen Segments (oder Abschnittes), dessen Basis 3 m u. 4 cm, und dessen Höhe 6 dm u. 9 mm beträgt?

Antwort $f = \dfrac{2 \cdot 3{,}04 \cdot 0{,}609}{3} = 6{,}08 \cdot 0{,}203 = 1{,}23424$ ☐m.

182). Wie gross ist die Fläche eines parabolischen Segments, dessen Basis 4 m 7 dm 1 cm, und dessen Höhe 6 cm 5 mm beträgt.

2). Schlägt man aus den Endpunkten einer geraden Linie a b mit derselben die sich bei c treffenden Bogen, a c und b c, so erhält man die Gestalt eines gothischen Bogens a c b (Fig. 27). Bezeichnet man nun in einem solchen die Basis a b als den Radius der beiden Bogen a c und c b, mit r, die Höhe

Fig. 27.

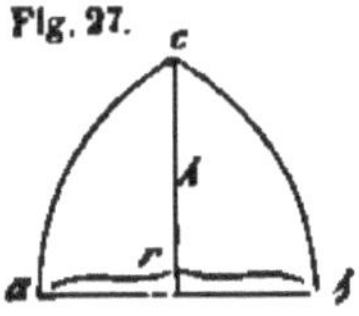

des Bogens durch b, so findet man die Fläche am richtigsten durch die Formel:

337, $f = r^2 \cdot 0{,}61422$

weil die Höhe h bei der Zeichnung nicht in Betracht kömmt. Z. B. 183). Welche Fläche schliesst ein gothischer Bogen ein, dessen Basis a b = r, 2m 3 dm. u. 6 mm misst. Antwort. $f = 2{,}306^2 \cdot 0{,}614 = 3{,}2650285504$ ☐m.

3) **Die Eylinie.** Man verzeichnet sie wie folgt: Ueber ihrer gegebenen grössten Breite a b (Fig. 28) schlägt man

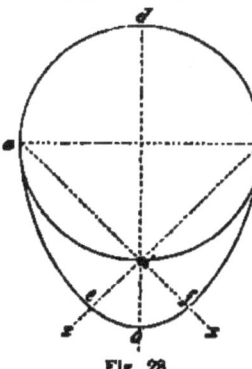

Fig. 28.

einen Kreis, zieht einen zweiten Durchmesser d i, welcher aber den ersten senkrecht schneiden muss. Hierauf zieht man von beiden Endpunkten a u. b des Durchmessers a b durch i beliebig lange Linien a x u. b x; schlägt sodann aus den Punkten a und b mit a b Bogenlinien, bis dieselben die unbegrenzten Linien a x u. b x in e u. f treffen, woranf man noch mit i e oder i f aus i den kleinen Bogen e o f schlägt, so ist a e o f b d a die verlangte Eylinie von der gegebenen Breite.

Die Fläche einer solchen Eylinie wird gefunden, wenn man das Quadrat ihres längsten Durchmessers do = D, mit 0,6955 multiplicirt. Es ist also die Formel

No. 338) $f = D^2 \times 0{,}5955$. Z. B.

184) Welche Fläche hat der innere eyrunde Boden einer Badewanne, dessen längster Durchmesser 1 m 6 dm und 5 mm misst?

Antwort. $f = 1{,}605^2 \cdot 0{,}5955 = 1{,}5006954375$ ☐ m, d. i. 1 ☐ m 59 ☐ dm 6 ☐ cm u. 95 ☐ mm.

§ 49) Vermischte Aufgaben.

185) Wie gross ist die Fläche eines gleichschenklichen Daches, dessen Basis 4 m 6 dm 2 cm, und dessen Höhe 4 m 6 cm beträgt?

186) Eine Küche, 5 m 2 dm und 4 cm lang, und 4 m

8 cm breit, soll mit Backsteinen belegt werden, deren jeder 2 dm 4 cm lang, und 1 dm 5 cm breit ist. Es fragt sich nun: a) wie viele solcher Backsteine bedarf man, und b) was kosten sie, wenn man 20 Stück derselben für 1 Tblr. 2½ Sgr. kauft?

187) Ein Saal, der 13 m 4 cm lang, und 4 m 4 cm breit ist, soll neu gedielt werden. Was kostet es, wenn man einschliesslich der Bretter, für 16 ☐ m und 5 ☐ dm, 6 Tblr. 17½ Sgr. bezahlen soll?

188) Eine Kiste ohne Deckel ist 1 m 2 cm lang, 4 dm 6 cm breit und 5 dm 4 cm tief. Was kostet dieselbe, wenn 4,5 ☐ m Bretter 1 Tblr. 7½ Sgr. betragen?

189) Die eine Cathete eines rechtwinkligen Dreiecks sei 6 dm 5 cm, die Hypothenuse aber 1 m 6 dm und 3 cm lang, wie gross ist seine Fläche?

190) Wie gross ist die Fläche eines Dreiecks, wenn seine 3 Seiten a, b und c, 5 m, 7 m und 8 m lang sind?

191) Ein 8 m 5 cm langes, 5 m 6 cm breites und 4 m 2 dm und 6 cm hohes Zimmer soll tapeziert werden. Es befinden sich in demselben 2 Thüren und 4 Fenster nebst dem Ofenraume; jede Thür ist 2 m 4 dm 4 cm hoch und 1 m 2 dm u. 2 cm breit; jedes Fenster ist 2 m 4 cm hoch u. 1 m 6 cm breit; u. der ebenfalls nicht zu tapezirende Ofenraum ist 4 m, 2 cm hoch, u. 1 m 6 dm u. 4 cm breit. Es fragt sich nun: a) wie viele Quadrat-Meter Tapeten sind nach Abzug der Thüren, Fenster und des Ofenraumes, nöthig, und b) wieviel betragen die Tapeten an Gelde, wenn das Stück von 4,5 m lang u. 0,6 m breit, 10 Sgr. 6 Pf. kostet?

192) Jemand kauft 10 Bretter für 8½ Tblr. Jedes ist 4 m 4 dm 3 cm lang, an dem einen Ende 3 dm 2 cm breit, am anderen aber 2 dm 8 cm breit. Es fragt sich nun: a) welche Oberfläche hat jedes Brett, u. b) was kosten 15 ☐ m dieser Bretter.

193) Jemand will eine Scheune bauen, 12 m lang und 7 m breit, bis zum Dache aber 5½ m hoch, u. bis zur Firste 7¼ m hoch. Die Wände und Giebel sollen von Brettern sein. Was kosten die Bretter, wenn 4 ☐ m zu 1 Tblr. 16¼ Sgr. berechnet sind?

194) Von zwei runden Tischplatten hat das erste 6 dm

u. 3 cm, das 2te aber 1 m 6 dm u. 2 cm im Durchmesser. Wie viele mal ist die Oberfläche der letzteren grösser als die der ersteren?

§ 50. Verwandlung einer Flächengestalt in eine verlangte andere?

Das Verfahren hierzu besteht einfach darin, dass man den Flächeninhalt einer gegebenen und zu verwandelnden Figur als den Flächeninhalt f derjenigen Figur betrachtet, in welche man die gegebene Fläche verwandeln will, und letztere sodann in ihren positiven Zahlenwerthe bei Auflösung der bezüglichen abgeleiteten Formel anwendet.

Beispiele. 195) Wie gross ist die Seite eines Quadrates, welches mit einem Kreise von $2\frac{1}{4}$ m Radius gleiche Fläche hat?

Antwort. 3 m 9 dm 8 cm u. 8 mm, denn:

Berechnung. Nach Formel No. 189, ist dieses Kreises Fläche $f = 2{,}25.^2\pi$, daher die Seite des gleichgrossem Quadrates, $s = V(2{,}25^2 \cdot 3{,}141) = V 15{,}9013125 = 3{,}9876\ldots$ m, wofür man 3,988 m rechnet.

196) Mit welcher Zirkelspannung (oder Radius) muss ein Kreis beschrieben werden, welcher mit einem gleichseitigen Dreiecke, dessen eine Seite 3 m ist, einerlei Fläche hat?

197) Eine regulaire 8-eckige Messingscheibe von 3 dm 3 cm 2 mm Radius ihres umschriebenen Kreises, soll in eine kreisrunde Scheibe von gleicher Stärke umgeschmolzen werden. Wie gross muss daher der Radius zur gleichgrossen runden Scheibe genommen werden?

198) Wie gross ist der Radius eines Kreises, der mit einem regulairen Sechsecke von 1 m 3 dm 3 cm u. 3 mm Seitenlänge gleiche Fläche hat?

199) Ein Stück Tuch von 1 m Länge u. 6 dm 4 cm 5 mm Breite, soll in ein Quadrat zugeschnitten und zusammengenäht werden. Wie gross wird jede Seite dieses Quadrates werden müssen?

200) Wie gross ist jede Seite eines regulairen Dreiecks, welches mit einem Kreise von 66 cm u. 4 mm Umfang, dieselbe Fläche hat?

201) Man soll die Fläche eines regulairen Fünfecks von 66 cm u. 4 mm Radius des umschriebenen Kreises, in ein Oblongum von 25 cm Höhe verwandeln. Wie lang muss dieses Oblongum werden?

202) Ein egal ringförmiges Stück Metall von 25 cm grossem, u. 6 cm 3 mm kleinem Radius, soll in eine kreisrunde Scheibe von derselben Stärke umgeschmolzen werden. Wie gross muss der Radius zur Gussform genommen werden?

203) Wie gross ist der Durchmesser eines Kreises, welcher mit der Summe zweier anderen Kreise ,von 1 m, u. von 1 m 6 dm 6 cm u. 5 mm Umfang, gleiche Fläche hat?

204) Die Fläche von drei verschieden grossen regulairen Dreiecken, bei welchen jede Seite des ersten 6 cm 5 mm, des 2ten 1 m u. des 3ten 1 m 33 cm u. 4 mm lang ist, soll in ein einziges gleichseitiges Dreieck verwandelt werden. Wie gross wird jede Seite dieses letzteren sein müssen?

205) Die Fläche eines regulairen Zehnecks von 5 dm Radius des umschriebenen Kreises, soll in 2 Quadrate verwandelt werden, von denen das eine 14 cm zur Seite hat. Wie gross wird die Seite des anderen Quadrates sein müssen?

206) Ein regulair sechseckiger Gartensalon von je 3 m 3 dm 3 cm und 3 mm Seitenlänge ist mit Backsteinen belegt. Von welcher Seitenlänge könnte ein quadratförmiger Fussboden sein, welcher mit jenen Backsteinen gepflastert werden könnte?

207) Die Steinplatten eines mit denselben belegten Fussbodens von 9 m Länge u. 7 m 3 dm 3 cm Breite, sollen zur Belegung eines anderen regulairen sechsseitigen Fussbodens verwendet werden. Wie gross müsste eine jede Seite dieses sechseckigen Fussbodens sein, wenn vorige Platten gerade reichen sollen?

II. Stereometrische Formeln.

§ 51. Vorbemerkung.

1) Unter Körper versteht man einen nach Länge, Breite u. Höhe oder Tiefe ausgedehnten Gegenstand. Ein eckiger Körper wird von ebenen Flächen, ein runder aber von einer krummen Fläche ganz oder theilweise begrenzt. — Die Ebene (ebene Fläche), auf welcher der Körper zu stehn scheint, heisst seine Grundfläche, welche sich entweder in eine Spitze, auch in eine obere parallele oder nicht parallele Grundfläche endet. Eine Senkrechte aus dieser Spitze oder oberen Grundfläche auf die ihr gegenüberliegende untere Grundfläche gefällt, ist des Körpers Höhe; u. die den Körper umschliessenden Flächen, heissen seine Seitenflächen.

2) Der wissenschaftlich mathematische Ausdruck für Körperberechnung ist das griechische Wort „Stereometrie". — Alle mit Körpern vorzunehmenden Messungen setzen einen gewissen Grad von Regelmässigkeit derselben, in Bezug auf ihre Gestalt der sie begrenzenden Grund- u. Seitenflächen voraus, weshalb auch hier die Körper in reguläre u. irreguläre unterschieden werden. Streng genommen nennt die Mathematik nur diejenigen Körper reguläre, welche von lauter congruenten Dreiecken, Vierecken oder Vielecken eingeschlossen sind. Solcher Körper giebt es nur fünf Arten, nämlich: das Tetraedrum mit 4, das Hexaedrum (der Cubus oder Würfel) mit 6, das Octaedrum mit 8, das Dodecaedrum mit 12, u. das Icosaedrum mit 20 einander congruenten Seitenflächen. Einen geringeren Grad von Regelmässigkeit haben die gewöhnlichen Prismen, die Cylinder, Pyramiden u. Kegel. Eine besondere Classe der regulairen Körper machen die Kugeln aus, welche man als Körper

von unendlich vielen regulairen u. congruenten Seitenflächen eingeschlossen, betrachten kann. Nur die hier genannten, absolut regulairen u. minderregulairen Körper der letzt genannten Art, sind Gegenstand der mathematischen Messungen u. resp. Berechnungen.

§ 57. A) Der Cubus (Hexaedron oder Würfel)

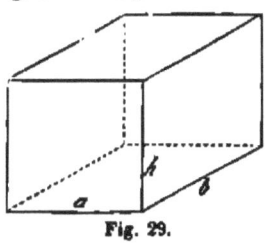

Fig. 29.

(Fig. 29) ist ein Körper von 6 gleichgrossen Quadraten umschlossen, u. es bilden seine Länge a = seiner Breite b = seiner Höhe (oder Tiefe) h zugleich seine 3 Dimensionen (oder Ausdehnungen). Bezeichnet nun k seinen kubischen Inhalt, u. m seinen Mantel (oder Oberfläche), so erhält man, wenn

Lauf. №	gegeben ist:	u. gesucht wird:	die entsprechende Formel:
339	a	k	$= a.b.h = a.a.a = a^3$
340	m		$= \frac{m}{6}\sqrt{\frac{m}{6}} = 0{,}06804\,\sqrt{m^3}$
341	a	m	$= 6a^2$
342	k		$= 6\sqrt[3]{k^2}$
343	m	a	$= 0{,}40825\,\sqrt{m} = \sqrt{\frac{m}{6}}$
344	k		$= \sqrt[3]{k}$

Beispiele. 208) Die Kante oder Seite eines Würfels sei 1 m 4 dm 3 cm; wie gross ist sein Inhalt?

Antwort. Nach Formel No. 339 ist k = $1{,}43^3$ = 2,924207 ⬚ m = 2 ⬚ m 924 ⬚ dm 207 ⬚ cm.

209) Der Inhalt eines grossen Steinwürfels betrage 728 ⬚ dm u. 123 ⬚ mm. Wie gross ist seine Kante?

210) Wenn man $1/_{37}$ ▭ m (oder 31 ▭ dm u. 250 ▭ cm) Eisen zu 450 Pfd. annimmt, wie lang muss dann die Kante eines eisernen Würfels von 50 Pfd. sein?

211) Als Postament einer Säule soll aus Granit ein Würfel von 1 m u. 1 cm Kantenlänge gehauen werden; welchen kubischen Inhalt wird dieser Würfel haben?

212) Die Kanten zweier Würfel von Blei sind 9 cm u. 4 cm 5 mm lang. Wie gross wird eine Kante des Würfels sein, der so gross ist, als beide zusammen?

213) Wie lang ist die Kante eines Würfels von 2345 ▭ dm?

214) Die Kante eines Würfels ist 9 dm 9 cm u. 9 mm lang. Wie lang wird die Kante eines seinem körperlichen Inhalte nach, 3 mal so grossen Würfels sein?

215) Wieviel wiegt ein 1 dm 3 cm u. 3 mm an einer Kante messender Würfel von Blei, wenn 12 ▭ cm Blei, 13 Neu-Loth wiegen?

216) Ein hohler würfelförmiger Raum von 2 ▭ cm, soll genau durch einen Holzwürfel ausgefüllt werden. Wie lang muss jede Kante des letzteren sein?

§ 52. B) Das Parallelepipedon

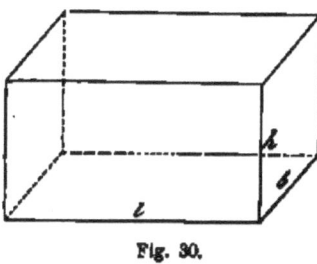

Fig. 30.

(Fig. 30) ist wie der Cubus ein prismatischer Körper, welcher von 6 Oblongen (von denen immer je 2 einander gegenüberliegende congruent sind) eingeschlossen wird. — Bezeichnet man nun seine Länge durch l, alles Uebrige wie vorhin, so erhält man, wenn

Lauf №	gegeben ist:	gesucht wird:	die entsprechende Formel:
345	l, b u. h	k m	$= l.b.h$ $= 2(lb + lh + bh)$

Lauf. №.	gegeben ist:	gesucht wird:	so ist die entsprechende Formel:
346	l, b u. k	h	$h = \dfrac{k}{l.b}$
347	l, h u. k	b	$b = \dfrac{k}{l.h}$
348	b, h u. k	l	$l = \dfrac{k}{b.h}$

Beispiele. 217) Wieviel wiegt ein Stück Blei in Form eines Parallelepipedons von 6 cm Länge 3 cm Breite u. 4 cm Höhe, wenn 18,8 ☐ cm Blei 14 Lothe wiegen?

218) Wieviele ☐ Meter Backsteine erfordert eine Mauer von 36 m Länge 3 m Höhe u. 3,5 dm Stärke?

219) Wieviel wiegt das Wasser in einem Brunnenkasten von 1,6 m 5 cm Länge, 1,32 m Breite, 1 m 2 dm 1 cm Tiefe, wenn $\dfrac{1}{32}$ ☐ m (= 0,03125 ☐ m) 70 Zollpfd. wiegt?

220) Ein Holzblock von 2,75 m Länge 1,32 m Breite u. 1,04 m Dicke, wiegt wieviel, wenn $\dfrac{1}{32}$ ☐ m seiner Masse zu 40 Zollpfd. gerechnet wird?

221) Wieviele Backsteine von 3 dm Länge 1,5 dm Breite, u. ½ dm Dicke bedarf man zu einer Mauer von 60,25 m Länge, 2,65 m Höhe, u. 0,75 m Dicke (Breite)?

222) Die vordere u. hintere Frontmauer eines Gebäudes, ist 23 m lang 6,5 m hoch, u. 4 dm 9 cm stark; die Länge der beiden Seitenmauern sind 16 m 4 dm 2 cm lang, u. so hoch u. stark wie die beiden Frontmauern. In der Strassenfrontmauer befinden sich 23 Fenster von 1 m 8 dm 5 cm Höhe, 1 m Breite u. 12 cm Balkenstärke in der Brüstung, nebst 1 Thüre von 2 m 5 dm 6 cm Höhe, 1 m 5 cm Breite, u. ebenfalls Balkenstärke im Lichten. Die hintere Frontmauer hat nur 17 Fenster u. eine Thür, wie die vordere

Frontmauer, hoch, breit u. tief. Was kosten die Backsteine (von 3 dm Länge, 1 dm 4 cm Breite u. 6 cm Dicke) zu diesen 4 Mauern, wenn der Backstein zu $3\frac{1}{2}$ ₰ berechnet ist?

222) Wie schwer ist eine Stange Eisen von 4 m 1 dm 8 cm Länge, 3 cm Breite 2 cm und 4 mm Dicke, wenn Schmiedeeisen 7,64 mal so schwer ist, als destil. Wasser, u. $\frac{1}{32}$ ⌷ m destil. Wasser zu 70 Zollpfd. gerechnet wird?

223) Wieviel Eisen bedarf man zu 8 eisernen 3,25 dm breiten u. 2,5 mm dicken Reifen, von 1,65 m im Durchmesser?

224) Ein 754 Schritte (à 0,66 cm) langer, u. 3 m 6 cm breiter Weg, soll 5 cm hoch mit Kiessand bedeckt werden; wieviele Cubikmeter Kies bedarf man?

225) Rechnet man für je 10 Menschen von den 1200 Millionen, welche die Erde bewohnen, ein Haus von durchschnittlich 10 m Länge, Breite u. Tiefe (bis zum Dachstuhle), so fragt sich's a) wieviele ⌷ Myriameter betragen diese Häuser, b) welchen Raum von einer Cubik-Neu-Meile würden sie ausfüllen u. c) wieviel beträgt der Mantel von einer Cubik-Neu-Meile?

226) Wie gross ist die Oberfläche eines zugehauenen Werkstückes von 1,25 m Länge, 5 dm Breite, u. 41 cm Höhe?

§ 54. Das delische Problem.

Einen Cubus oder ein Parallelepipedon, oder einen dergleichen Hohlraum beliebige mal grösser (z. B. 2, 3, 4 etc. Mal) oder kleiner, z. B. $\frac{1}{8}$, $\frac{1}{4}$, $\frac{1}{3}$, $\frac{1}{2}$, $\frac{2}{3}$, $\frac{3}{5}$, $\frac{3}{4}$ etc. Mal anzugeben, braucht man nur jede seiner drei Dimensionen mit der Cubikwurzel derjenigen Zahl zu multipliciren, welche angiebt, wie vielmal der verlangte Körper grösser oder kleiner als der gegebene, angefertigt werden soll. Z. B.

227 u. 228) Es soll ein Kiste angefertigt werden, welche a) $\frac{1}{5}$ u. b) eine andere, welche 9 mal soviel Raum im Lichten enthält, als eine gegebene Kiste von 5 dm Länge, 4 dm Tiefe u. 3 dm Breite (im Lichten). Es fragt sich nun: wie lang, breit u. tief im Innern (Lichten) muss jede der beiden anzufertigenden Kisten werden, wenn jede Dimension der anzufertigenden beiden Kisten in demselben Verhältnisse zu einander stehen sollen, als die der gegebenen Kiste?

Berechnung ad a) $5\sqrt[3]{1/8} = 5 \cdot 1/2 = 2,5$ dm für die Länge,

$4\sqrt[3]{1/8} = 4 \cdot 1/2 = 2$ dm „ „ Tiefe,

u. $3\sqrt[3]{1/8} = 3 \cdot 1/2 = 1,5$ dm „ „ Breite,

Probe. $2,5 \cdot 2 \cdot 1,5 = 7,5$ ⬜ dm $= 1/8 \cdot 5 \cdot 4 \cdot 3 = \frac{60}{8} = 7,5$ ⬜ dm.

Berechnung ad b) $5\sqrt[3]{8} = 5 \cdot 2 = 10$ dm für die Länge,

$4\sqrt[3]{8} = 4 \cdot 2 = 8$ dm „ „ Tiefe,

u. $3\sqrt[3]{8} = 3 \cdot 2 = 6$ dm „ „ Breite.

Probe. $10 \cdot 8 \cdot 6 = 480$ ⬜ dm. $= 8 \times 5 \cdot 4 \cdot 3 = 480$ ⬜ dm.

Bemerkung. Ist die Zahl, aus welcher die Cubikwurzel gezogen werden soll, eine Irrationalzahl (d. i. eine solche, aus der sich eine Wurzel nicht vollständig, sondern nur annähernd finden lässt), so bleibt zwar das Verfahren dasselbe, nur wird für einen solchen Fall der vorgeschriebene Cubikinhalt um eine unzubeachtende Kleinigkeit grösser oder kleiner, man wählt aber stets den etwas grösseren.

Zur leichteren Berechnung hieher gehöriger Aufgaben, möge hier ein kleines Cubikwurzeltäflein folgen.

$\sqrt[3]{1/8} = 1/2 = 0,5$	$\sqrt[3]{1/2} = 0,794$	$\sqrt[3]{1} = 1$	$\sqrt[3]{6} = 1,82$
$\sqrt[3]{1/5} = 0,587$	$\sqrt[3]{2/3} = 0,873$	$\sqrt[3]{2} = 1,26$	$\sqrt[3]{7} = 1,91$
$\sqrt[3]{1/4} = 0,629$	$\sqrt[3]{3/5} = 0,84$	$\sqrt[3]{3} = 1,44$	$\sqrt[3]{8} = 2$
$\sqrt[3]{1/3} = 0,693$	$\sqrt[3]{3/4} = 0,91$	$\sqrt[3]{4} = 1,59$	$\sqrt[3]{9} = 2,08$
$\sqrt[3]{2/5} = 0,737$	$\sqrt[3]{4/5} = 0,93$	$\sqrt[3]{5} = 1,71$	$\sqrt[3]{10} = 2,15$

§ 55. Das Prisma (Fig. 31),

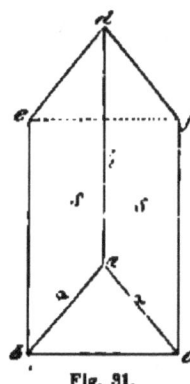

Fig. 31.

ist ein Körper, welcher von 2 congruenten geradlinigen Figuren als Grundflächen, und von soviel Rechtecken, als Seiten jede seiner beiden Grundflächen Seiten hat, eingeschlossen wird. Es heisst daher ein 3, 4, 5 etc. seitiges Prisma ein solches, dessen Grundflächen von ebensoviel gleichgrossen oder ungleichen Seiten begrenzt ist. Sind die Umfangsseiten der beiden Grundflächen sämmtlich gleichgross, so ist das Prisma ein reguläres; sind sie aber nicht sämmtlich gleichgross, so ist es ein irreguläres Prisma.

Bezeichnet nun k den cubischen Inhalt, m den Mantel oder die Oberfläche, s eine Seitenfläche db, dc, ec; g die Grundfläche (beim dreiseitigem Prisma das Dreieck abc), u den Umfang der Grundfläche, h die Höhe, u. n die Anzahl der Seitenfläche, so erhält man, wenn

Lauf. №	gegeben ist:	u. gesucht wird:	die entsprechende Formel:
349	g u. h	k	$= gh$.
350	u u. h	s	$= uh$ (beim reguläiren Prisma.
351	s u. g	m	$= us + 2g$ (n die Anzahl der Seitenflächen).
352	k u. g	h	$= \frac{k}{g}$
353	k u. h	g	$= \frac{k}{h}$

Bezeichnet in jedem regulären Prisma a die Kantenseite einer jeden Umfanglinie seiner beiden Grundflächen, so erhält man für das

Lauf. №	regulaire	wenn gegeben ist	u. gesucht wird	Die entsprechende Formel:
354	3=seitige ⎫			= a²h.0,433.
355	4= „			= a²h.1.
356	5= „			= a²h.1,72.
357	6= „ ⎬ Prisma	a u. h	k	= a²h.2,598.
358	7= „			= a²h.3,634.
359	8= „			= a²h.4,828.
360	9= „			= a²h.6,182.
361	10= „ ⎭			= a²h.7,694.

Bezeichnet ferner r den Radius des um die Grundfläche g einer regulairen Pyramide beschriebenen Kreises, so ist für das

Lauf. №	regulaire	wenn gegeben ist	u. gesucht wird	Die entsprechende Formel:
362	3=seitige ⎫			= r²h.1,299.
363	4= „			= r²h.2.
364	5= „ ⎬ Prisma	r u. h	k	= r²h.2,378.
365	6= „			= r²h.2,598.
366	8= „			= r²h.2,828.
367	10= „ ⎭			= r²h.2,938.

Beispiele. 227) Welchen Inhalt hat ein regulaires 5-seitiges Prisma von 2 m Höhe, wenn der Radius des um seine Grundfläche beschriebenen Kreises 0,666 m ist?

Antwort. Nach Formel Nr. 364 ist k = 0,666².2.2,378 = 0,443556.4,746 = 2,10955233 ⬜ m = 2 ⬜ m 109 ⬜ dm 552 ⬜ cm u. 336 ⬜ mm.

228) Wie viel beträgt der cubische Inhalt eines regulairen 3-seitigen Prisma's von 29 cm Seitenlänge seiner Grundfläche, wenn seine Höhe 72 cm ist?

229) Wie viel beträgt der kubische Inhalt eines 1²/₃ m hohen regulairen 8-seitigen Prisma's, wenn der Radius des um seine Grundfläche beschriebenen Kreises 0,66 m ist?

230) Was wiegt ein regulair 10-seitiges prismatisches Stück Metall von 13 cm Höhe, wenn der Radius des um die Grundfläche beschriebenen Kreises 4,5 cm beträgt, und der Cubikcm. des Metalles 32 Grs. wiegt?

231) Die Grundflächenseite eines 2 m 66 cm langen quadratförmig zugehauenen Eichenblockes ist 0,66 m lang. Wie viel beträgt a) sein cubischer Inhalt, u. b) wie schwer wiegt er, wenn 0,03125 ▱ m zu 50 Pfd. gerechnet wird?

232) Welchen cubischen Inhalt hat ein 9,2 cm langes regulaires 6-seitiges Prisma, wenn jede Seitenlinie seiner Grundfläche 72½ cm misst?

233) Ein an seinen beiden Endflächen quadratischer Brunnenkasten ist 2 m tief u. an jeder seiner Grundflächenseiten 2 m 66 cm lang. Es fragt sich nun a) in wie viel Minuten füllt eine Röhre, welche in jeder Minute 0,07 ▱ m Wasser ausgiesst, diesen Brunnenkasten, u. b) wie viel wiegt das Wasser, wenn ¹/₃₂ ▱ m zu 66 Zollpfund gerechnet wird?

234) Wenn man das Wasser aus dem vorigen Brunnenkasten in No. 233 in einen anderen genau würfelförmigen leitete, so, dass letzterer mit dieser Wassermasse genau voll werden soll, wie lang, hoch und breit müsste dieser cubische Kasten sein?

235) Wie gross ist die Oberfläche (der Mantel) eines regulairen 3-seitigen Prisma's, wenn jede Seite seiner Dreiecksflächen 1,66 m; des Prisma's Höhe oder Länge aber 4 m beträgt?

§ 56. D) Die Pyramide (Fig. 37)

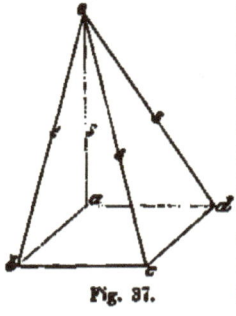

Fig. 37.

ist ein Körper, der von einer geradlinigen Grundfläche a b c d, u. ausserdem noch von so vielen Seitenflächen begrenzt wird, als seine Grundfläche Seiten hat, welche Seitenflächen sich sämmtlich in einer gemeinschaftlichen Spitze e enden. — Je nach dem die Grundfläche ein Drei-, Vier- oder sonstiges n-Eck ist, heisst dieselbe auch eine 3-, 4- oder n-seitige. Jede Seitenfläche einer Pyramide ist stets ein Dreieck. Besteht die Grundfläche aus einer regulairen Fläche, z. B. einem gleichseitigen Dreiecke, einem Quadrate, oder einem regulairen Vielecke, so nennt man die Pyramide eine reguläre, in jedem anderen Falle aber, eine irreguläre.

Ein regulaires 3-seitiges Prisma lässt sich durch drei Schnitte in 3 unter sich gleich grosse Pyramiden zertheilen woraus sich die mathematische Wahrheit ergiebt, dass die Pyramide der 3te ($1/3$) eines regulairen „Prismas ist, welches Prisma mit der Pyramide einerlei Höhe und Grundfläche hat". Es unterscheiden sich demnach die Formeln für die Pyramide von denen des Prisma nur dadurch, dass für die Pyramiden-Grundformel für den Inhalt noch die Zahl 3 als Divisor, bei den aus derselben abgeleiteten Formeln aber, als Multiplikator hinzutritt; wogegen die Zahl 3 da ganz verschwindet, wo eine Zusammenziehung mit einer anderen in der Formel vorkommenden Zahl stattfindet. — Bezeichnet nun g die Grundfläche irgend einer Pyramide, h deren Höhe, m deren Oberfläche (oder Mantel) s für die regulairen Pyramiden eine Grundflächenseite, und k der Pyramide Inhalt, so findet man für jede Pyramide

Lauf. №.	wenn gegeben ist	u. gesucht wird:	die entsprechende Formel:
368	g u. h	k	$= \dfrac{gh}{3}$.
369	h u. k	g	$= \dfrac{3k}{h}$.
370	g u. k	h	$= \dfrac{3k}{g}$.
371	g u. n	m	$= g + ns$ (n die Anzahl der Seitenflächen.)

Bezeichnet in einer regulairen Pyramide s eine Seite ihrer Grundfläche, r aber den Radius des um die Grundfläche beschriebenen Kreises, so erhält man wenn gesucht wird k

Lauf. №	wenn gegeben ist	für die		die entsprechende Formel:
372	a u. h	3=seitige		$= a^2 h \cdot 0{,}144 = k.$
373	a u. h	4= „		$= \dfrac{a^2 h}{3} = k.$
374	1 {r u. h} / 2 {a u. h}	5= „	P y r a m i d e	$= r^2 h \cdot 0{,}793 = k.$ / $= a^2 h \cdot 0{,}573 = k.$
375	a u. h	6= „		$a^2 h \cdot 0{,}866 = k.$
376	a u. h	7= „		$= a^2 h \cdot 1{,}211 = k.$
377	a u. h / 1, h u. r / 2	8= „		$= a^2 h \cdot 1{,}609 = k.$ / $r^2 h \cdot 0{,}943 = k.$
378	a u. h	9= „		$= a^2 \cdot 2{,}061 = k.$
378	a u. h / 1, h u. r / 2	10= „		$= a^2 h \cdot 2{,}565 = k.$ / $= r^2 h \cdot 0{,}98 = k.$

Aus vorstehenden 11 Formeln findet man mittelst Reduktion für die regulaire Pyramiden, wenn gegeben sind: h u. k (Höhe u. Inhalt):

Lauf. №	für die		wenn gesucht wird	die entsprechende Formel:
379	3=seitige		a	$= \sqrt{\dfrac{k}{h \cdot 0{,}144}}.$
380	4= „	P y r a m i d e	a	$= \sqrt{\dfrac{3k}{h}}.$
381	5= „		a	$= \sqrt{\dfrac{k}{h \cdot 0{,}573}}.$
			r	$= \sqrt{\dfrac{k}{h \cdot 793}}.$
382	6= „		a	$= \sqrt{\dfrac{k}{h \cdot 0{,}866}}.$
383	7= „		a	$= \sqrt{\dfrac{k}{h \cdot 1{,}211}}.$

Lauf. №	für die	wenn gesucht wird		die entsprechende Formel:
384	8=seitige Pyramide	1	a	$= \sqrt{\dfrac{k}{h \cdot 1{,}609}}$
		2	r	$= \sqrt{\dfrac{k}{h \cdot 0{,}343}}$
385	9= ,,		a	$= \sqrt{\dfrac{k}{h \cdot 2{,}061}}$
386	10= ,,	1	a	$= \sqrt{\dfrac{k}{h \cdot 2{,}585}}$
		2	r	$= \sqrt{\dfrac{k}{h \cdot 0{,}98}}$

Die regulaire 3-seitige Pyramide ist der Tetraeder.

Beispiele. 236) Welchen kubischen Inhalt hat eine 3,5 m hohe u. regulaire 3-seitige Pyramide, wenn jede ihrer Grundflächenseiten a = 1,5 m misst?

Antwort. Nach Formel No. 372, ist k = 1,5²·3,5·0,144 = 1,13400 ☐ m = 1 ☐ m u. 134 ☐ dm.

237) Wie schwer ist ein 3 m hohes, massiv eisernes Denkmal, in Gestalt einer quadratischen Pyramide, deren Grundflächenseite 0,66 m ist, u. wenn man $\frac{1}{32}$ ☐ m Gusseisen zu 420 Zollpfd. rechnet?

238) Welchen Cubikinhalt hat eine regulaire 8-seitige Pyramide von 3,32 m Höhe, wenn der Radius des um ihre Grundfläche beschriebenen Kreises 0,71 m ist?

239) Ein 23,5 cm hohes pyramidales Marmorgewicht mit quadratischer Grundfläche von 9,2 cm langer Grundseite, hängt an einer Wanduhr. Wieviel wiegt dieses Gewicht, wenn 18 ☐ cm Marmor 58,794 Grammes wiegen?

240) Ein pyramidalgeformter Verzierungsaufsatz von regulair 10-seitiger Grundfläche, ist von massivem Eisen, u. 41,2 cm hoch. Wenn nun der Radius des um seine Grundfläche beschriebenen Kreises 0,05 m ist, u. $\frac{1}{32}$ ☐ m Eisen zu 400 Pfd. gerechnet wird, so fragt sich's: wieviele Pfunde diese eiserne Pyramide wiegt?

241) Welchen Raum nimmt eine pyramidalisch geformte 20 m hohe Thurmspitze ein, wenn jede ihrer sechs Grundflächenseiten 2 m lang ist?

242) Der Radius des umschriebenen Kreises an der Grundfläche einer 7 m hohen fünfseitigen regulairen u. massiven Pyramide von Holz, ist 0,67 m. Wie schwer ist diese Pyramide, wenn $\frac{1}{32}$ ☐ m ihrer Holzmasse 24 Zollpfd. wiegt?

243) Nach Herodot's (eines alten griechischen Geschichtsschreibers) Angabe, soll die grösste der egyptischen Pyramiden 150 m hoch, u. eine eben so grosse Breite u. Länge zu ihrer Grundfläche haben. Wäre dieser Angabe, sowie seiner Behauptung zu trauen, dass diese Pyramide aus Marmor bestanden habe, so fragt sich's: wieviele metrische Centner diese Pyramide (als massiv, d. h. nicht hohl betrachtet) gewogen haben müsse, wenn $\frac{1}{32}$ ☐ m Marmor zu 200 Zollpfd. angenommen wird?

244) Wieviel beträgt das Volumen einer 0,34 m hohen Pyramide (also eines völligen Tetraeders) von gleichfalls 0,34 m Grundflächenseite?

247) Ein Gelbgiesser soll eine 21,5 cm hohe regulair sechsseitige u. 20 Pfd. Zollgewicht schwere Pyramide von Messing giessen. Wie lang muss er in der Gussform jede Seite der Grundfläche nehmen, wenn 18 ☐ cm Messing 10 Neu-Lothe (= 10 Dekagrs.) wiegen?

248) Ein Kupferschmied soll einen 50 cm hohen, regulair 4-seitigen pyramidalförmigen kupfernen Behälter anfertigen, in welchen 1 ☐ Fuss (= $\frac{1}{32}$ ☐ m) Wasser geht. Wie gross muss jede innere Seite der Grundfläche werden?

249) Wie gross ist eine Seite an der Grundfläche einer 7 cm hohen 6-seitigen regulairen Pyramide von $\frac{1}{32}$ ☐ m Rauminhalt?

250) Wie gross ist der Radius des umschriebenen Kreises der Grundfläche einer 10-seitigen regulairen 1,56 m hohen Pyramide von $\frac{3}{32}$ ☐ m Raum?

251) Wie gross ist der Radius des um seine quadratische Grundfläche beschriebenen Kreises eines pyramidalförmigen gusseisernen 2 m hohen Denkmals, welches 80 Zoll-Ctr. schwer ist, wenn man $\frac{1}{32}$ ⧠ m Gusseisen zu 480 Pfd. rechnet?

252) In einem Eisenschmelzwerke wird eine regulair 3-seitige, 1,33 m hohe u. massive Eisenpyramide von 4000 Pfd. schwer bestellt. Wie gross wird jede Grundflächenseite der Gussform sein müssen, wenn $\frac{1}{32}$ ⧠ m Eisen zu 500 Pfd. gerechnet wird?

§ 57. E) Berechnung der Kugelhaufen.

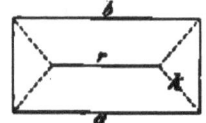
Fig. 32.

In Festungen u. Zeughäussern findet man die Geschützkugeln entweder in zeltförmiger (wie Fig. 32), pyramidal- wie auch in quarrée-förmiger Gestalt (Fig. 33, 34 u. 35) aufgeschichtet; aber für die eine wie für die andere dieser Aufschichtungsformen bedient man sich zur Ermittelung der in ihnen enthaltenen Kugeln, nachstehender Universalformel, nämlich es ist die Kugelzahl

387) $x = \left[(a + b + r) \cdot \frac{k(k+1)}{2}\right] : 3$,

in welcher Formel a des Kugelhaufens längere Grundzeile, welche gewöhnlich halb in der Erde steckt; b, die der längeren Grundzeile gegenüberliegende, welche aber in einem 3-seitigen Pyramidenhaufen stets nur 1 Kugel enthält. Ferner bedeutet r die oberste, den sogenannten Rücken bildende Kugelreihe, welche bei jedem pyramidenförmigen, vollständigen Kugelhaufen, stets nur aus 1 Kugel besteht, u. endlich bedeutet k die Anzahl der Kugeln, welche sich in einer jeden der schrägen Eckzeilen befinden.

Bei den zeltförmigen Kugelhaufen (Fig. 32) darf man aber nie, anstatt die beiden längeren Grundzeilen a u. b, dafür die beiden kürzeren Grundzeilen in Rechnung bringen, weil man sonst immer ein falsches Resultat erhalten würde.

Beispiele. 253) Wieviele Kugeln enthält ein zeltförmiger Kugelhaufen wie Fig. 32, wenn jede seiner beiden

— 116 —

längeren Grundzeilen a u. b, 20, seine Rückenlinie r, 14, u. jede seiner 4 schrägen Kantenzeilen k, 6 Kugeln hat?

Antwort. $x = \left[20 + 20 + 14\right) \cdot \frac{6 \cdot (6 + 1)}{2}\right] : 3 =$ [54.3.7] : 3 = 378 Kugeln.

254) Wieviele Kugeln liegen in einem 3-seitigen Pyramidenbaufen, wenn in der einen Grundzeile 11, d. in jeder ihrer 3 schrägen Seitenkanten sich 12 Kugeln befinden?

255) Wieviele Kugeln liegen in einem 4-seitigen Pyramidenhaufen, wenn jede ihrer Grundzeilen 12, u. jede schräge Kante 14 Kugeln enthält?

256) Wieviele Kugeln enthält ein, wie ein geschlossenes Quarré (Fig. 33) aufgeschichteter Kugelhaufen, dessen vordere oder äussere Grundzeile (a b + b c + c d + d a) aus (20 + 20 + 20 + 20 = 80), die hintere gegenüberliegende, also innere Grundzeile (e f + f k + k h + h e) aus 14 + 14 + 14 + 14 = 56 Kugeln; die Rückenlinie r = αβ + βγ + γδ + δα aus 17 + 17 + 17 + 17 = 68 Kugeln, u. jede innere a e, oder äussere Eckkante a α, 6 Kugeln enthält?

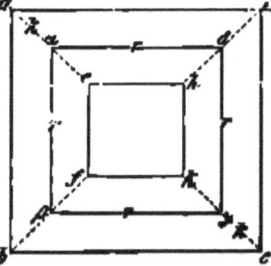
Fig. 33.

257) Wieviele Kugeln enthält ein wie Fig. 34 geformter Kugelhaufen mit einem Eingange, wenn dessen äussere Grundumfangslinie (e f + f a + a b + b c + c d) aus 5 + 18 + 18 + 18 + 5 = 64 Kugeln, dessen gegenüberliegende innere Grundzeile (e g + g h + h d) aus 12 + 5 + 12 = 29 Kugeln; dessen Rücken r = αβ + βγ + γδ) aus 13 + 8 + 13 = 34 Kugeln, u. dessen jede gleich-

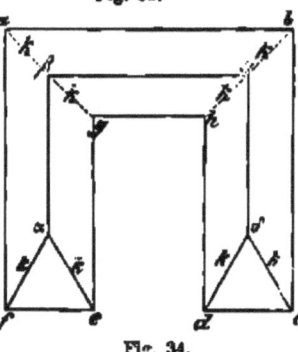
Fig. 34.

grosse äussere oder innere Eckkante a c oder a f aus 5 Kugeln besteht?

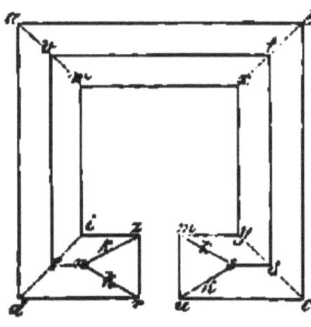

Fig. 35.

258) Wieviele Kugeln aber befinden sich in einem, wie ein Quarrée mit Eingang aufgeschichteten Kugelhaufen (Fig. 35); wenn dessen äussere Grundzeile (r d + d a + a b + b c + c u) = 7 + 18 + 18 + 18 + 7 = 68 Kugeln, dessen gegenüberstehende innere Grundzeile (z i + i w + w x + x y + y m) aus 4 + 9 + 9 + 9 + 4 = 35 Kugeln, u. dessen Rücken r = n e + e v + v t + t s + s o aus 3 + 13 + 13 + 13 + 3 = 45 Kugeln, u. jede Eckkante aus 5 Kugeln besteht?

§ 58. F) Die mit der Grundfläche parallel abgestutzte Pyramide Fig. 38)

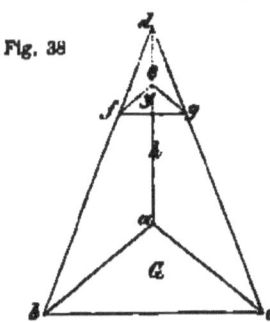

Fig. 38

entsteht durch einen irgendwo zwischen der Spitze d u. der Grundfläche G mit letzterer parallelem Durchschnitt f c g, wodurch ausser der Grundfläche a b c oder G noch eine obere kleinere u. der unteren völlig ähnliche Grundfläche f o g = y entsteht. Bezeichnet nun o a = h die Höhe, y u. G die obere u. untere Grundfläche der abgestutzten regel- oder unregelmässigen Pyramide, so erhält man, wenn

Lauf. №	gegeben ist	gesucht wird	die entsprechende Formel:
388	G, γ u. h	k	$= [h(G + \gamma + \sqrt{(G \cdot \gamma)}] : 3$
389	γ, h u. k	G	$= \dfrac{(\gamma h - 6k) \sqrt{[3 \gamma h (4k - \gamma h)]}}{2h}$
390	G, h u. k	g	$= \dfrac{(6k - Gh) - \sqrt{[3 G h (4k - G h)]}}{2h}$
391	G, k u. γ	h	$= \dfrac{3k}{G + \gamma + \sqrt{(G \gamma)}}$

Bezeichnet noch S eine Seite der unteren Grundfläche G, s aber eine Seite der oberen Fläche γ, so erhält man

Lauf. №	für die reguläre		die entsprechende Formel:	
392	3 = seitige			⎧ 0,144
393	4 = „			0,333
394	5 = „			0,573
395	6 = „	Pyramide	$h(S^2 + Ss + s^2) \times$	0,866
397	7 = „			1,211
398	8 = „			1,609
399	9 = „			2,061
400	10 = „			⎩ 2,565

Beispiele. 259) Die weltberühmte Pyramide zu Ghize in der Nähe der alten berühmten Stadt Memphis in Egypten, an welcher 10000 Menschen 20 Jahre lang gearbeitet haben sollen, ist 157 m hoch; ihre unterste Grundfläche bildet ein Quadrat, von welchem jede Seite 204,1 m misst; ihre platte Spitze bildet ebenfalls ein Quadrat von je 4,082 m Länge seiner Seiten. Denken wir uns diese Pyramide massiv (also ohne den mindesten hohlen Raum), so fragt sich's: wieviele ⎕ Meter Steine brauchte man zu ihr?

Antwort. 2181189,451456 ⎕ Meter, denn:

Berechnung. Nach Formel No. 388, findet man für
k = [157 . (204,1² + 4,082²) + $\sqrt{(204,1^2 \times 4,082^2)}$]: 3
= [157 . (41656,81+16,662724)+$\sqrt{(41656,81.16,662724)}$]: 3
= [157 . (41673,472724 + $\sqrt{694116,82775044}$]: 3
= [6542735,217668 + 833,1367]:3
= 6543568,354308 : 3 = 2181189,451456 ☐ m.

260) Wievicle Liter Wasser, Bier oder dergl. geben in einen 1,66 m tiefen 4seitigen Kübel in Form eines regulairen Pyramidenstumpfes, wenn jede Seite oben im Lichten 1 m, unten aber 1,33 m lang ist?

261) Wievicle ☐ Meter enthält ein 10 m langer, und quadratisch zugehauener Balken, dessen untere Seitenlinie der grossen Grundfläche 41 cm, und dessen obere Seitenkante 23 cm misst?

262) Wie gross ist der kubische Inhalt eines 2,66 m hohen 3 =seitigen Pyramidenstumpfes, wenn jede Kante der Grundfläche 1 m, jede der 3 obersten Kanten aber 0,666 m misst?

263) Die oberste Grundflächenseite eines parallel abgestumpften regulairen 4-seitigen Gefässes ist 1,666 m (im Lichten), die unterste aber 1,333 m. Wenn nun dies Gefäss 2 m tief ist, wieviele Liter würde es fassen?

264) Wievicle Hektoliter (Fass à 100 Liter) gehen in einen regulair 4-seitigen Brunnen, der 7 m tief, unten 5 m, oben nur 2,4 m Seitenlänge hat?

265) Der Radius des umschriebenen Kreises an der untersten Grundfläche eines 1 m hohen, regulair 5-seitigen, parallel abgestumpften und pyramidal geformten Eisenstückes, ist 0,666 m; der obere Radius aber nur 0,05 m. Wie schwer ist dieses Eisenstück, wenn $\frac{1}{32}$ ☐ m zu 490 Pfd. gerechnet wird?

266) Wieviele Pfunde wiegt ein regulair 6-seitiger 49 cm hoher und paralleler Pyramidenstumpf von massivem Kupfer, dessen unterste Grundflächenseite 54 mm und dessen oberste 27 mm lang ist, wenn 18 ☐ cm Kupfer 10,56 Lothe wiegen?

§ 59. G) Den kubischen Inhalt eines sogen. Obelisken (Fig. 36)

(dessen obere Fläche abcd, und dessen Grundfläche efgh

Fig. 36.

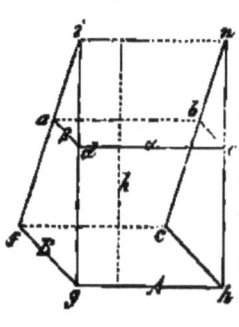

die Oblonge eines aufgeworfenen Walles sind, und wo bei der Verlängerung ein solcher Körper nicht wie die parallel abgestumpfte Pyramide, in eine Spitze, sondern wie Fig. 36 zeigt, in eine scharfe Kante ni endet) wird gefunden, wenn die Grundlänge $gh = A$, die Grundbreite $fg = B$, sowie die obere Länge $dc = a$, und die obere Breite $ad = \beta$, sammt der zwischen der oberen und unteren Grundfläche befindlichen Höhe $Aa = b$ gegeben ist, mittelst der Formel:

401) $k = \dfrac{b\,(2\,AB + 2\,a\beta + A\beta + Ba)}{6}$.

Z. B. 267) Ein Wall ist unten 282,75 m, oben 226,2 m lang; unten 5,25 m breit, oben 2,2 m breit, und 2,29 m hoch. Wieviele ▫ m Erde enthält dieser Wall?

Antwort. 2203 ▫ m 949 ▫ dm u. 750 ▫ cm, denn:

Berechnung. Nach vorstehender Formel ist

$k = \dfrac{2{,}29(2\cdot 282{,}75\cdot 5{,}25 + 2\cdot 226{,}2\cdot 2{,}2 + 282{,}75\cdot 2{,}2 + 5{,}25\cdot 226{,}2)}{6}$

$= 2{,}29\,(2968{,}875 + 995{,}28 + 622{,}050 + 1187{,}550) : 6$

$= \dfrac{2{,}29\cdot 5773{,}755}{6} = \dfrac{13221{,}89895}{6}$ ▫ m $= 2203{,}64975$ ▫ m

Erde, d. s. 2203 ▫ m 649 ▫ dm u. 750 ▫ cm.

§ 60. H) Der Cylinder oder die Walze.

Bewegt sich ein Kreis A. (Fig. 40) entweder senkrecht von unten nach oben, oder lothrecht von oben nach unten, so entsteht eine geradstehende Säule, ist diese Bewegung des Kreises von unten nach oben, (oder von oben nach unten eine schräge, so entsteht eine schiefstehende Säule, wie Fig. 41 zeigt. Eine solche Säule nun — gleichviel, ob

— 121 —

sie wie Fig. 40 senkrecht, oder wie Fig. 41, schief steht, wird oben wie unten von einer gleichgrossen Kreisfläche A = A¹ begrenzt, u. von einer kreisrunden Oberfläche umschlossen.

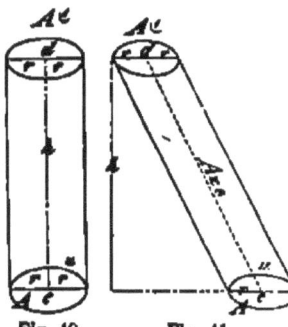

Fig. 40.   Fig. 41.

Man nennt nun eine solche Säule, gleichviel ob sie senkrecht oder schräg steht, einen Cylinder; liegt sie dagegen mit beiden Enden auf ihrer langen runden Oberfläche auf einer Ebene, so nennt man sie eine Walze. Es ist also ein Cylinder oder Walze ein solcher Körper, der 2 gleichgrosse und zu einander parallele Kreisflächen als Grundflächen hat, deren Mittelpunkte d und c eine gerade Linie dc (Axe gen.) verbindet, und ausserdem noch von einer krummen Fläche (Mantel, Ober- oder auch Seitenfläche genannt) so begrenzt wird, dass jede auf dieser krummen Oberfläche mit der Axe dc parallel gezogene Linie ganz in diese Oberfläche fällt.

Diese krumme Oberfläche steht lothrecht (beim senkrechtstehenden Cylinder) auf ihren beiden Grundflächen, u. ist einem Rechtecke (Oblongum oder Quadrate) gleich, welches so lang ist, als des Cylinders Axe, u. so breit, als die Peripherie ihrer Grundfläche lang ist.

Der Cylinder ist ein Prisma mit 2 gleichgrossen Grundflächen. — Beim vollständigen u. senkrechtstehenden Cylinder bildet seine Axe zugleich auch seine Höhe h, während solche beim schiefstehenden Cylinder (Fig. 41) in die

Fig. 42. Verlängerung seiner Grundfläche, also ausserhalb fällt, u. kleiner als seine Axe ist. Der schräg abgeschnittene Cylinder (Fig. 42) hat eine grösste Höhe H, und eine kleinste h, deren halbe Summa $\left(\text{also } \frac{H+h}{2}\right)$ seine äquirte oder durchschnittliche Höhe h¹ giebt. — Die Berechnung des kubischen Inhalts ist für den senkrecht, schief-

stehenden, liegenden und schief abgeschnittenen, ganz dieselbe.

Von allen Cylindern gleichen Inhalts, hat derjenige die kleinste Oberfläche, bei welchem der Radius seiner Grundfläche seiner Höhe gleich ist.

Bezeichnet nun m die krumme Oberfläche oder den Mantel, alles Uebrige wie bisher, so erhält man, wenn

Lauf. Nr.	gegeben ist:	u. gesucht wird:	die entsprechende Formel:
402	h u. r	k	$= r^2\pi h = r^2 h .3,141\ldots$
403	h u. d	k	$= d^2 h . 0,785 = \dfrac{d^2\pi h}{4}$
404	h u. u	k	$= u^2 h . 0,0796 = \dfrac{u^2 h}{4\pi}$
405	h u. k	r	$= \sqrt{\dfrac{k}{h\pi}}$
406	h u. k	d	$= 2\sqrt{\dfrac{k}{h\pi}}$
407	h u. k	u	$= 2\sqrt{\dfrac{k\pi}{h}}$
408	h u. u	m	$= uh.$

NB. Die ganze Oberfläche mit Boden und Deckel, (d. i das Netz der Cylinderst. ist $O = \pi(2r.h+2r^2)$ als No. 409.)

Beispiele. 268) Welchen kubischen Inhalt hat ein Cylinder von 2 m Höhe u. von 1,32 m im Durchmesser?
Antwort. Nach Formel No. 403, ist $k = 1,32.2.0,785 = 1,7424.1,570 = 2,735568$ ▭ m $= 2$ ▭ m 735 ▭ dm 568 ▭ cm.

269) Welchen Holzgehalt hat ein cylinderförmiger Eichenblock von 2,17 m Höhe u. 2,65 m Umfang?

270) Wie gross ist der Radius einer 3 m langen Walze von 4 ▭ m u. 68 ▭ dm Inhalt?

271) Man hat 8 ▭ m u. 432 ▭ dm Steine 2,73 m hoch cylinderförmig aufgestellt; wie gross ist dieses Steinhaufens Umfang?

272) Welchen kubischen Inhalt hat ein 7 m hoher Cylinder von $1\tfrac{3}{4}$ m Radius?

273) Welchen Worth hat eine 2,66 m lange Eisenwalze von 32 cm Radius, wenn 1 ▱ dm 28½ südd. Xr. kosten?

274) Wie viel wiegt eine steinerne Walze von 2¾ m Länge u. 95 cm Umfang, wenn $\frac{1}{32}$ ▱ m ihrer Steinmasse 240 Pfd. wiegt?

275) Wie gross ist der Durchmesser eines Cylinders von 46 cm Länge, wenn sein kubischer Inhalt 668 ▱ cm beträgt?

276) Welchen Umfang hat ein noch unausgehöhlter Mühlstein von $\frac{1}{32}$ ▱ m Inhalt u. 0,66 m Dicke?

277) Eine 7 cm dicke (hohe) runde bleierne Scheibe hat 1,33 m Umfang; wie viel wiegt dieselbe, wenn 18 ▱ cm Blei 7 Dekagramme schwer ist?

278) Es sollen 188 ▱ m Steine 4 m hoch cylinderförmig aufgeschichtet werden; wie lang muss der Durchmesser hierzu genommen werden?

279) Welchen Umfang hat eine 9 mm dicke kreisrunde Messingscheibe von 4 Pfd. schwer, wenn 18 ▱ cm Messing zu 6½ Neuloth angenommen wird?

280) Wie dick ist eine runde 3,33 m lange Eisenstange von ½ Ctr. Gewicht, wenn 31¼ ▱ dm ihres Eisens 400 Pfd. beträgt?

281) Was würde ein 4⅙ mm starker Kupferdraht rings um die Erde herum wiegen, wenn deren Umfang zu 5400 deutschen Meilen, und $\frac{1}{32}$ ▱ m Eisendraht zu 580 Pfd. angenommen wird?

§ 61. I) Der Mantel oder die krumme Oberfläche eines rechtwinkligen Cylinders

bildet abgewickelt ein Rechteck, dessen Länge oder Grundlinie der Umfang der Grundfläche, und dessen Höhe oder Breite, die Höhe oder Länge des Cylinders ist, auch so beim ovalen rechtwinkligen Cylinder. Ist es aber ein schiefstehender Cylinder, so bildet seine aufgerollte krumme Oberfläche ein Rhomboides (mitunter auch einen Rhombus), dessen Breite oder Höhe die senkrechte Verbindungslinie zwischen seiner langen Grundlinie und der ihr gegenüberliegenden ist. Bezeichnet nun m blos die krumme Oberfläche ohne die beiden einander gegenüberstehenden Grundflächen (also den sogenannten Mantel), O aber den Mantel sammt diesen beiden Grundflächen, so erhält man, wenn:

Lauf. N.	gegeben ist:	u. gesucht wird:	die entsprechende Formel:
409	h u. r		$= 6{,}283 \cdot rh = 2r \cdot \pi h$.
410	h u. d		$= 3{,}142 \cdot dh = \pi dh$.
411	b u. u	m	$= uh$.
412	h u. u		$= (H + h) \cdot r\pi$ für den schrägen Cylinder. (Fig. 41).
413	h u. r		$= r\,(r + h) \cdot 6{,}283$.
414	h u. d	O	$= d\,(d + h) \cdot 1{,}571$.
415	h u. u		$= u\,(u + h) \cdot 0{,}159$.

Beispiele. 282) Die Aussenseite einer cylinderförmigen Mauer von 8 m Durchmesser und 5,33 m Höhe, soll übertüncht werden. Wie theuer kommt der dazu erforderliche Kalk, wenn der Ctr. desselben 48 südd. Xr. kostet, und mit demselben 84 ☐ m übertüncht werden können?

Antwort. 1 Fl. 16 Xr. 2¼ Pf., denn:

Berechnung. Nach Formel No. 410, ist m $= 3{,}142 \cdot 8 \cdot 5{,}33$ $= 133{,}97488$ ☐ m, diese kosten $\dfrac{133{,}97488 \cdot 45}{84}$ Fl. $= 1{,}276$ Fl. $= 1$ Fl. 16 Xr. 2 Pf.

283) Wie viel beträgt der Mantel eines Cylinders von 6 m Länge und 1,33 m Durchmesser?

284) Wie viel beträgt der Mantel einer Walze von 3 m Länge und 1 m Durchmesser?

285) Wie viel beträgt der Mantel eines Cylinders von 66 cm 5 mm Länge, und 24 cm Durchmesser?

286) Wie gross ist die Seite eines Quadrates, welches

— 125 —

mit der krummen Oberfläche eines Cylinders von 24 cm Länge und 5,4 cm Durchmesser, einerlei Fläche hat?

287) Wie gross ist der Durchmesser eines Kreises, welcher mit dem Mantel eines Cylinders von 2 m Länge und 22 cm Durchmesser, einerlei Fläche hat?

288) Der Durchmesser einer Walze sei 3,45 m, ihre Länge aber 9,87 m. Wie gross ist ihr Mantel?

289) Der Durchmesser eines Cylinders sei $1\tfrac{3}{4}$ m, und seine Höhe 3,9 m; wie gross ist sein Mantel?

§ 62. K) Der quadratförmige Cylinder-Ausschnitt

entsteht, wenn aus einem cylinderförmigen Baumstamme der holzreichste Balken geschnitten oder gehauen werden soll, und es ist der kubische Inhalt dieses Cylinderausschnittes a b c d e f g h (Fig. 43) 416) $= \dfrac{d^2 h}{2}$ oder 417) $\dfrac{u^2 h}{2\pi}$.

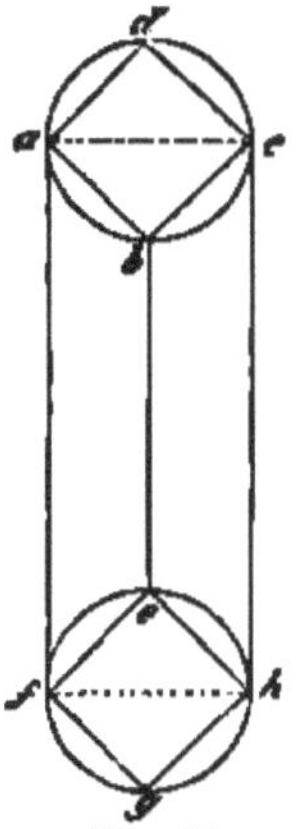

Beispiele. 290) Welchen kubischen Inhalt hat der quadratische Cylinderausschnitt einer Walze von 8 m Länge und 46 cm Durchmesser?

Antwort. $k = \dfrac{8^2 \cdot 0{,}46}{2} = 64 \cdot 0{,}23 =$ 14,72 ☐ m oder 14 ☐ m u. 720 ☐ dm.

291) Welches ist der kubische Inhalt des quadratförmigen Ausschnittes eines cylinderförmigen Eichenblockes von 3,75 m Umfang und 2,52 m Länge?

Fig. 43.

292) Welchen Holzgehalt hat der quadratförmige Balkenausschnitt eines cylinderförmigen Blockes von 2 m Länge 0,45 m Durchmesser?

293) Welches ist der kubische Inhalt des Balkenausschnittes eines kreisrunden Blockes von egaler Stärke, wenn derselbe 3 m lang ist und 2,23 m Umfang hat?

294) Aus einem Blocke von 3,05 m Länge u. $66\tfrac{1}{2}$ cm Durchmesser, soll ein quadratischer Balken gehauen werden. Welchen Holzgehalt enthält derselbe?

295) Aus einem cylinderförmigen Baumstamme von 2,13 m Umfang und 3,84 m Länge soll ein quadratischer Balken geschnitten werden. Wie viel Holz enthält derselbe?

§ 63. L) Der Abfall oder Abraum (Fig. 43.)

ist der Abfall von Spähnen oder Schwartenbrettern, welcher übrig bleibt, wenn aus einem cylinderförmigen Baumstamme ein quadratischer Balken gehauen oder geschnitten wird. Der kubische Holzgehalt dieses Abfalles wird gefunden durch:

$$418 \; k = \frac{3{,}14159\, d^2 h}{4} - \frac{2(d^2 h)}{2 \cdot 2} = 0{,}285 d^2 h.$$

Beispiele. 296) Wie viel beträgt der Abfall eines cylinderförmigen Bloches von 1 m Durchmesser und 3,33 m Länge?

Antwort. $0{,}285 \cdot 1^2 \cdot 3{,}33 = 0{,}94905$ ☐ m, oder 949 ☐ dm und 50 ☐ cm.

297) Wie viel beträgt der Abraum eines 4 m langen Cylinderbloches von 1,33 m Durchmesser?

298—300) Wie viel beträgt a) der quadratische Cylinderausschnitt eines walzenförmigen Bloches von 2,33 m Länge und 0,66 m Durchmesser? b) Wie viel beträgt der Abfall und c) wie viel der Block selbst?

301) In ein würfelförmiges Gefäss soll der Abfall eines Stein-Cylinders von 1,66 m Länge und 0,67 m Durchmesser geschüttet werden. Wie gross muss jede Würfelkante im Lichten sein, wenn er gerade davon voll werden soll, und anzunehmen ist, dass der Abfall wegen seines lockeren Zusammenhanges um $\tfrac{1}{8}$ mehr Raum einnimmt.

§ 64. Aufgabe 302 u. 303. Wie wird aus einem walzenförmigen Bloche a, der holzreichste, und b, wie der tragbarste Balken gehauen?

Fig. 44.

Auflösung ad a). Man zieht an beiden Stammenden 2 sich senkrecht schneidende Durchmesser ab und cd (Fig. 44) u. verbindet hier Endpunkte a, c, b, d durch die geraden Linien ac, cb, bd u. da, so giebt a c b d den holzreichsten Balken.

Auflösung ad b). Man theilt den

— 127 —

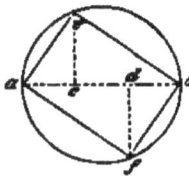
Fig. 45.

Durchmesser ab (Fig. 45) bei c und d in 3 einander gleiche Theile auf beiden Endenflächen so, dass ac = cd = db ist; errichtet sodann im Punkte c auf a b unterhalb bis an den Rand die Senkrechte cf, ebenso errichtet man im Punkte d auf a b die Lothrechte d e, worauf man die 4 Punkte a, e, b, f u. a durch die geraden Linien (Sehnen) ae, eb, bf und fa verbindet, so giebt aebf den tragbarsten Balken, welchen man aber stets auf seine Nordseite der einen von seinen schmalen Grundflächen af oder eb legen muss.

§ 65. M) Die Röhre, oder der hohle Cylinder.

Die Grundfläche einer jeden Röhre (Fig. 46) ist eine Ringfläche R, deren Fläche aus ihren Durchmessern D und d berechnet, nach Formel No. 194, ist: $f = \frac{1}{4}(D^2 - d^2)\pi$.

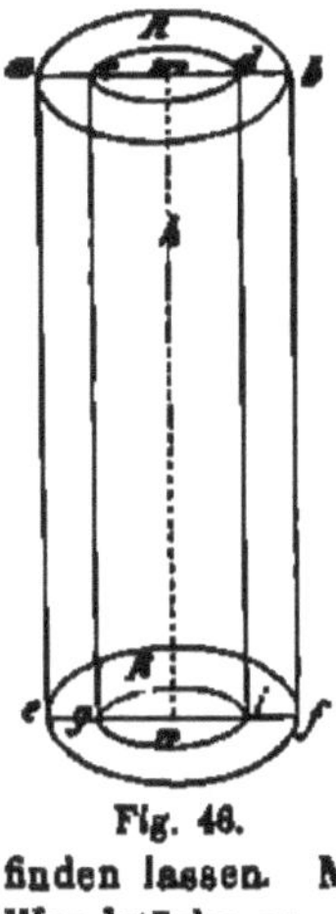

Multiplicirt man dieselbe mit der Röhrenhöhe mn = h, so erhält man für den kubischen Inhalt der körperlichen (Festen) Masse k der Röhre.

No. 419) $k = \frac{1}{4}\pi h (D^2 - d^2) = 0{,}785 \cdot h (D^2 - d^2)$.

Oft wird bei Röhren ihre Dicke oder Wandstärke ac = db = eg = if = δ angegeben, woraus sich dann sehr leicht vorher, um die eine oder andere der nachstehenden Formeln anwenden zu können, der grosse Durchmesser ab = ef = D,

Fig. 46.

u. der kleine Durchmesser cd = gi = d finden lassen. Man findet D, wenn man zu d die doppelte Wandstärke ac = δ addirt, und d, wenn man von D die doppelte Röhrenstärke δ abzieht. Man erhält nun, wenn

Lauf. №.	gegeben ist:	u. gesucht wird:	die entsprechende Formel:
419	D, d u. h	k	$= 0{,}785\ (D^2 - d^2).h.$
420	D, δ u. h		$= 3{,}141\ (D\ \delta).h\delta.$
421	k, d u. h	D	$= \sqrt{\left(\dfrac{4k}{3{,}141.h} - d^2\right)}.$
422	k, D u. h	d	$= \sqrt{\left(D^2 - \dfrac{4k}{\pi h}\right)}.$
423	k, D u. d	h	$= \dfrac{4k}{\pi\ (D + d)\ (D - d)}.$
424	k, D u. δ		$= \dfrac{k}{\pi\delta\ (D - \delta)}.$

Beispiele. 304) Wieviel beträgt die Körpermasse einer 8 m langen Röhre, wenn der grosse Durchmesser 32 cm, u. die Röhrenstärke 8 mm beträgt?
Antwort. 62 ☐ dm u. 699½ ☐ cm, denn:
Berechnung. Nach Formel No. 419 ist k = 0,785.
8 × (0,3 × 2² − 0,304²) = 6,28 (0,1024 − 0,092416) = 6,28.0,009984 = 0,06269952 ☐ m = 62 ☐ dm 699½ ☐ cm.

305) Wie schwer ist eine 7 m lange Eisenröhre von 2 cm Eisendicke, und 1½ dm Durchmesser im Lichten, wenn $\dfrac{1}{32}$ ☐ m Eisen zu 480 Pfd. angenommen wird?

306) Wieviel beträgt die Holzmasse einer 2,66 m langen Röhre von 2½ cm Wandstärke und 9 cm Durchmesser im Lichten?

307) Wieviel wiegt eine 4 m lange steinerne Röhre von 4½ cm Wandstärke und 2½ dm grossen Durchmesser, wenn $\dfrac{1}{32}$ ☐ m ihrer Steinmasse 200 Pfd. wiegt?

308) Was wiegt eine 4 dm lange und 6 mm starke Messingröhre, wenn der Durchmesser der Oeffnung 3 cm ist, u. 18 ☐ cm Messing zu 8 Loth gerechnet werden?

309) Wieviele ☐ m Steine sind a) zu einem alten 12 m

hohen und kreisrunden Gefängnissthurm verbraucht worden, wenn der Durchmesser seines hohlen Raumes 7 m lang, u. seine Mauer 0,66 m dick ist? b) Mit wieviel Fuhren wurden die Steine zu demselben herbeigeschafft, wenn zu 4⁴/₉ ◻ m 3 Fuhren nöthig waren?

310) An einer 5 m langen hölzernen Röhre beträgt deren grösserer Durchmesser ½ m, und deren Durchmesser im Lichten ¼ m; wieviel beträgt ihre Holzmasse?

311) Wieviele Pfund Blei braucht man zu einer 40 cm langen Röhre von 2 cm Körperdicke und 18 cm Durchmesser im Lichten, wenn 18 ◻ cm Blei 14 Loth wiegen?

§ 66. N) Das Kreisbogengewölbe
(Tunnel).

Denkt man sich einen vollständigen, senkrecht stehenden hohlen Cylinder lothrecht von oben durch seine Axe m n (Fig. 43) in zwei gleichgrosse rinnenartige Hälften durchschnitten, so giebt jede der beiden Hälften das genaue Bild eines Kreisbogen- oder Tunnel-Gewölbes. Ruht ein solches Gewölbe noch auf einer besonderen vertikalen Mauer — welche man die Widerlage nennt — so muss letztere als ein Parallelepipedon besonders gemessen und berechnet werden. Da nun wie eben bemerkt ein solches Gewölbe als die Hälfte einer Röhre zu betrachten ist, so ergiebt sich hieraus für seinen kubischen Inhalt die Formel:

425) $k = \frac{1}{4}\pi h (D^2 - d^2) : 2 = \frac{1}{8}\pi h (D^2 - d^2) = 0{,}393 (D^2 - d^2) \, h.$

Beispiele. 312) Die Mauer eines 20 m langen Kreisbogengewölbes ist 0,60 m stark, und der Durchmesser der Höhlung misst 4,65 m. Wieviele ◻ m Quadersteine hatte man zu diesem Gewölbe gebraucht?

Antwort. 110 ◻ m 184 ◻ dm u. 624 ◻ cm, denn:

Berechnung. Hier ist $k = 0{,}393 \, (5{,}97^2 - 4{,}65^2) \cdot 20 = 7{,}86 \, (35{,}6409 - 21{,}6225) = 7{,}86 \cdot 14{,}0184 = 110{,}184624$ ◻ m, d. s. 110 ◻ m 184 ◻ dm u. 624 ◻ cm Steine.

313) Die Mauerstärke eines 27 m langen Kreisbogengewölbes ist 0,75 m, u. der grosse Durchmesser beträgt 7 m. Wieviel beträgt sein Inhalt?

314) Durch ein 4 m hohes, 16 m langes, u. 5 m breites

Mauerwerk von Quadersteinen geht eine 2½ m hohe Halbkreis-Wölbung. Wieviele ☐ m beträgt das ganze Mauerwerk?

§ 67. O) Kreisbogen-Gewölbe nach Bogengraden zu berechnen.

Bildet ein Gewölbebogen keinen Halbkreis (Fig. 47 abc), so ist auch das ganze Gewölbe nur als ein eben solcher Theil der Hälfte eines halben hohlen Cylinders anzusehen. Ein solcher in Graden ausgedrückter Theil aber

Fig. 47. ist $= \frac{n}{180}$, wo n die gegebenen Grade des Gewölbebogens bezeichnet; folg. ist der kubische Inhalt des in Graden gegebenen Gewölbebogens;

426) $k = (D^2 - d^2).h.0,393.\frac{n}{180}$.

Beispiele. 315) Wieviele Cubikmeter etc. Mauerwerk hält ein 13 m langes Kreisbogengewölbe von 0,66 m Mauerstärke, 5,33 m Kreis-Durchmesser, und 160° (Graden) seiner Bogenwölbung?

Antwort. 71☐m 814☐dm 828☐cm. u. 800☐mm, denn: Berechnung. Hier ist h = 13, D = (5,33 + 2.0,66) = 6,65, d = 5,33 und n = 160°; daher $k = (6,65^2 - 5,33^2).13.0,393.\frac{160}{180} = (44,2225 - 28,4089).5,109.\frac{8}{9} =$

$15,8136.1,703.\frac{8}{9} = 5,2712.13,624 = 71,8148288$ ☐ m.

316) Wieviel Mauerwerk enthält ein 20 m langes und 1 m starkes Kreisbogen-Gewölbe von 120°, dessen Kreisdurchmesser 5,2 m beträgt?

317) Wieviel beträgt das Mauerwerk an einem 20 m langem Gewölbe von 100° Bogenspannung bei 45 cm Mauerstärke u. 4 m Kreisdurchmesser?

318) Eine steinerne 5 m lange Rinne in Kreisbogenform zu 45° eines Kreises von 1 m Durchmesser u. 6 cm Stärke, enthält welche Steinmasse?

319) Ein Kreisbogengewölbe von 80° u. 5,33 m Durchmesser des Kreises, ist 0,66 m stark, ruht zu beiden Seiten

auf einer Widerlage von 3,33 m Höhe u. 2 m Breite. Wieviele Cubikmeter Steine gehörten dazu, wenn der ganze Bau 13 m lang ist?

§ 68. P) Der Conus oder Kegel (Fig. 48) entsteht, wenn sich ein rechtwinkliges Dreieck a b c mit seiner Hypothenuse a b u. Cathete b c um seine Höhe-Cathete a c (Axe) einmal im Kreise herumbewegt, weshalb ein solcher senkrechter Kegel ein pyramidaler Körper ist, dessen Grundfläche ein Kreis und dessen krumme Oberfläche (oder Mantel) so in eine Spitze a ausläuft, dass jede gerade Linie, welche einen beliebigen Punkt im Umringe der Grundfläche des Kegels mit seiner Spitze verbindet, ganz in die Mantelfläche desselben fällt. — Die Linie a c (Fig. 48 u. 49), welche den Mittelpunkt c der Grundfläche mit der Spitze a des Kegels verbindet, heisst seine Axe. Ein Kegel heisst ein gerader oder senkrechter, wenn seine Axe a c senkrecht auf seiner Grundfläche steht, wie in Fig. 48, schief aber heisst er, wenn seine Axe a c nicht senkrecht auf seiner Grundfläche steht, wie in Fig. 49. Beim geraden (senkrechten) Kegel bildet seine Axe a c zugleich auch seine Höhe (Fig. 48). Beim schiefen, Kegel aber (Fig. 49) ist seine Höhe a e stets kleiner als seine Axe a c, und es fällt seine Höhe ausserhalb seiner Grundfläche, und zwar in deren Verlängerung.

Gleichwie die Pyramide das 3tel eines Prisma's ist, welches mit ihr gleiche Grundfläche u. Höhe hat, ebenso ist der Kegel unter denselben Bedingungen auch das Drittel eines Cylinders. Die Berechnung des kubischen Inhalts für den schiefen Kegel, ist ganz dieselbe wie für den geraden oder senkrechten Kegel.

Bezeichnet nun k den kubischen Inhalt, r den Radius cd, der Grundfläche, d den Durchmesser bd derselben; ferner h die Höhe ac; s die schräge Seitenlinie ab; m die Mantelfläche, u den Umfang der Grundfläche, und O die ganze Oberfläche des Kegels, also seine Mantel- u. Grund-Fläche zusammen, so erhält man, wenn

Lauf. №	gegeben ist:	u. gesucht wird:	die entsprechende Formel:
427	h u. r	k	$= r^2 h . 1{,}047197.$
428	h u. d		$= d^2 h . 0{,}261799.$
429	h u. u		$= u^2 h : 37{,}68 = u^2 h . 0{,}026526.$
430	s u. u		$= \left[u^2 \sqrt{\left(s^2 - \dfrac{u^2}{39{,}43}\right)}\right] : 37{,}68.$
431	s u. d		$= 0{,}261799 . d^2 \sqrt{(s^2 - 0{,}25 \, d^2)}.$
432	s u. r		$= 1{,}047197 \, r^2 \sqrt{(s^2 - r^2)}.$
433	k u. h	r	$= \sqrt{(k : 1{,}047 . h)}$ ⎫
434	k u. h	d	$= 2\sqrt{\dfrac{k}{1{,}047 . h}}$ ⎬ Aus den vorigen ersten 3 Formeln abgeleitet.
435	k u. h	u	$= \sqrt{\left(\dfrac{37{,}68 . k}{h}\right)}$ ⎭
436	k u. r	h	$= \dfrac{k}{1{,}047 \, r^2}.$
437	h u. r	O	$= \pi r \, [r + \sqrt{(h^2 + r^2)}].$
438	h u. d		$= d \, [d + 2\sqrt{(0{,}25 \, d^2 - h^2)}] \times 0{,}785398.$
439	h u. u		$= u \, [u \times \sqrt{(u^2 + 39{,}478417 . h^2)}] \times 0{,}079577.$
440	s u. u		$= u \, (2s + 0{,}31831 . u) . 0{,}25.$
441	s u. d		$= 0{,}785398 \, d \, (2s + d).$
442	s u. r		$= \pi r \, (s + r).$
443	h u. r	m	$= 3{,}14159 \, r \sqrt{(r^2 + h^2)}.$
444	h u. d		$= 1{,}570796 \, d \sqrt{(0{,}25 \, d^2 + h^2)}.$
445	h u. u		$= 0{,}25 \, u . \sqrt{(0{,}101321 . u^2 + 4 h^2)}.$
446	s u. d		$= 1{,}570796 . sd = \dfrac{\pi sd}{2}.$

Lauf.№	gegeben ist	u. gesucht wird:	die entsprechende Formel:
447	s u. u	m	$= \frac{su}{2}.$
448	s u. r		$= 3{,}14159 \cdot rs = \pi rs.$

Beispiele. 320) Wie gross ist der kubische Inhalt eines 44 cm hohen Kegels von 4 cm Radius seiner Grundfläche?

Antwort. 737 ⬜ cm 228⁴/₅ ⬜ mm.

Berechnung. Nach Formel No. 427, ist $k = 4^2 \times 44 \cdot 1{,}0472 = 704 \cdot 1{,}0472 = 737{,}2288$ ⬜ cm.

321) Wie schwer ist ein kegelförmig, bleiernes 1,65 dm hohes Uhrgewicht von 6 cm Durchmesser seiner Grundfläche, wenn 18 ⬜ cm Blei 14 Zoll-Loth wiegen?

322) Wie schwer ist ein 3,33 m hoher Sandsteinkegel von 4,32 m Umfang seiner Grundfläche, wenn $\frac{1}{32}$ ⬜ m Sandstein zu 1½ Ctr. angenommen wird?

323) Mit welchem Radius muss der Grundflächenkreis zur Gussform eines 100 Pfd. schweren kegelförmigen Bleigewichts von 17 cm Höhe beschrieben werden, wenn $\frac{1}{32}$ ⬜ m Blei 750 Pfd. wiegt?

324) Wie gross ist der Umfang der Grundfläche eines Kegels von 4 dm u. 5 cm u. 6 cmm Höhe?

325) Wenn 18 ⬜ cm Messing 10 Zollpfund wiegen, wie hoch muss dann ein kegelförmiges Messinggewicht von ½ Ctr. sein, bei welchem der Radius der Grundfläche 6 cm ist?

326) Wie gross ist der kubische Inhalt eines 7 m hohen Kegel von 0,66 m Durchmesser?

327) Welchen kubischen Inhalt hat ein 2,75 m hoher Kegel von 1,64 m Radius seiner Grundfläche?

328) Der Umfang der Grundfläche eines 3 m hohen Kegels ist 4,66 m; wie gross ist sein kubischer Inhalt?

329) Ein 5,33 m hoher Kegel enthält $1\frac{13}{32}$ ⬜ m; wie gross ist der Durchmesser seiner Grundfläche?

330) Wieviel dm beträgt der Umfang eines Kegels an seiner Grundfläche, wenn sein Rauminhalt 11,644 ⬜ dm, und seine Höhe 0,72 m beträgt?

331) Wieviel wiegt ein 6 dm und 6 cm hoher Kegel von Korkholz, wenn der Umfang seiner Grundfläche 1 m 3 dm 2 cm ist, und $\frac{1}{32}$ ⬜ m Korkholz 15,84 Zoll-Pfd. wiegt?

332) Was ist ein 5,5 cm hoher silberner Kegel von 2,6 cm Grundflächen-Durchmesser werth, wenn 18 ⬜ cm Silber dieses Kegels 12 Zoll-Lothe wiegt, und 15 Zoll-Loth dieses Silbers 14 Thlr. kostet?

433) Wie schwer ist ein kleiner 1,5 dm hoher elfenbeinener Kegel von 7,9 cm Grundflächenumfang, wenn Elfenbein 1,83 mal so schwer (d. h. 1,83 ⬜ cm Wasser = 1 ⬜ cm Elfenbein) als Wasser ist, u. $\frac{1}{32}$ ⬜ m Wasser 66 Zoll-Pfd. wiegt?

334) Ein kegelförmig aufgeschichteter Lehm- od. Sandhaufen von 15 m Grundflächenumfang und 4 m Höhe, soll weggefahren werden. Mit wieviel Fuhren kann dies geschehen, wenn zu $4^4/_9$ ⬜ m 3 Fuhren gehören?

335) Ein kegelförmiges Erdloch von 4,33 m Tiefe und 7 m oberen Durchmesser, soll mit Bauschutt ausgefüllt und dann geebnet werden. Mit wieviel Laufkarren muss der hierzu erforderliche Schutt herbeigefahren werden, wenn jeder Laufkarren 40 ⬜ dm fasst?

336) Welchen Rauminhalt enthält ein steinernes kegelförmiges Denkmal von 8 m Grundflächen-Umfang und 5,33 m Länge seiner schrägen Seite?

337) Wie viele Ctr. (à 100 Pfd.) wiegt ein grosses kegelförmiges steinernes Monument von 10 m Umfang und 3,33 m schiefer Seitenlänge, wenn $1/_{32}$ ⬜ m der Steinmasse 160 Pfd. schwer ist?

338) Der untere Umfang eines kegelförmigen Erdhügels beträgt 17 m und die nach der Spitze schiefansteigende

— 135 —

Seite misst 8 m. Mit wie viel Karren à $\frac{1}{16}$ ⏥ m könnte die Erde des abzutragenden Hügels hinweggeschafft werden?

339) Welchen kubischen Raum enthält ein Kegel von 3,32 m unterstem Umfang und eben so langer schräger Seitenlinie?

340) Wie schwer ist ein Eisenkegel von 2,33 m schräger Seitenlinie und 2,66 m Umfang seiner Grundfläche, wenn $\frac{1}{32}$ ⏥ m Eisen 5 Ctr. wiegt?

341—344) Eine kegelförmige Erdversenkung von 7 m Tiefe und 27 m oberen Randumfang, soll mit Erde ausgefüllt werden, welche man von einem kegelförmigen Erdhügel herbeischafft, der 30 m Grundflächenumfang und 10 m zur schiefen Seite hat. Wie viele Meter Durchmesser des oberen Randumfanges müsste eine andere 5,33 m tiefe Erdversenkung haben, wenn man sie mit der übrig bleibenden Erde jenes Hügels gerade ausfüllen wollte?

§ 69. Q) Die krumme Oberfläche oder der Mantel des Kegels

bildet horizontal ausgebreitet einen Kreissektor, dessen Radius die schiefe Seite s des Kegels ist. Z. B.

345) Welchen Flächenraum enthält der Mantel eines Kegels von 3 m schräger Seitenlänge und 5,32 m Umfang seiner Grundfläche?

Antwort. Nach Formel No. 447 ist m $= \frac{5,32 \cdot 3}{2} =$ 2,76.3 $=$ 7,28 ⏥ m.

346) Ein kegelförmiges Mauerwerk von 40 m unterem Umfang und 27 m schräger Seitenlänge, soll übertüncht werden. Wie hoch kommt der hierzu nöthige Kalk, wenn zu 84 ⏥ m Tünchfläche 1 Ctr. Kalk gebraucht, und der Ctr. Kalk zu 15 Sgr. berechnet ist?

347) Wie gross ist der Mantel eines Kegels von 1 m Höhe und 3,32 m Radius seiner Grundfläche?

348) Wie gross ist der Mantel eines Kegels von 1 m Höhe und 17 cm Radius seiner Grundfläche?

349) Der unterste Umfang eines Kegels ist 49 cm, seine schräge Seitenlinie 36 cm; wie gross ist sein Mantel?

350) Wie gross ist der Mantel eines 7 m hohen Kegels von 1 m Radius seiner Grundfläche?

351) Ein kegelförmiges Mauerwerk von 30 m Grundflächenumfang und 13 m Seitenlänge soll übertüncht werden. Wie viele Ctr. Kalk bedarf man dazu, wenn man mit 1 Ctr. 70 □ m übertünchen kann?

352) Die Seitenlänge eines Kegels ist 2 m 18 cm; sein unterer Grundflächenumfang aber 5 m 7 cm; viel beträgt seine Mantelfläche?

353) Welche Fläche hat die Krümmung eines Kegels von 2 m Radius seiner Grundfläche und 6,67 m seiner schrägen Seitenlinie?

§. 70. R) Der mit seiner Grundfläche parallel abgekürzte Kegel (Fig. 50.)

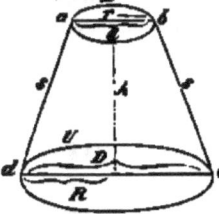

Fig. 50.

Bezeichnet h die Höhe, r den Radius der kleineren, R den Radius der grösseren, ebenso d den Durchmesser der kleineren, D aber den Durchmesser der grösseren Grundfläche des parallel abgekürzten Kegels; ferner m den Mantel der krummen Oberfläche, O aber die ganze Oberfläche (also den Mantel sammt seinen beiden Grundflächen), s die schräge Seitenlänge, U der grössere, u der kleinere Umfang und k den kubischen Inhalt des parallel abgekürzten Kegels (Fig. 50), so findet man, wenn:

Lauf. №.	gegeben ist:	u. gesucht wird:	die entsprechende Formel:
449	D, d u. h		$= \frac{1}{12}\pi h (D^2 + Dd + d^2) =$ $0{,}2616 \cdot (D^2 + Dd + d^2) \cdot h$
450	R, r u. h	k	$= 1{,}047 h (R^2 + Rr + r^2)$
451	D, d u. s		$= \frac{1}{12}\pi (D^2 + Dd + d^2) \times$ $\sqrt{[s^2 - \frac{1}{4}(D-d)^2]}$

— 137 —

Lauf. №	gegeben ist:	u. gesucht wird:	die entsprechende Formel:
452	D, d u. h	m	$= \frac{1}{2}\pi (D + d) \sqrt{[h^2 \mp \frac{1}{4}(D-d)^2]}$.
453	D, d u. s		$= \frac{1}{2}\pi (D + d) = \pi s (R + r = \frac{s(U + u)}{2}$
454	D, d u. h	O	$= \frac{1}{2}\pi \{2(D+d).[D^2 + d^2 + \sqrt{(h^2 + \frac{1}{4}(D-d)^2)}]$.
455	D, d u. s		$= \frac{1}{4}[(2s + D + d)(D + d) - 2Dd)]$. $\frac{1}{4}[sD + sd + D^2 + d^2)]$

Anmerkung. Die Höhe H des ganzen Kegels findet man aus der Höhe h des parallel abgekürzten Kegels durch die Formel: 456) $H = \frac{h R}{R-r}$.

Beispiele. 354) Der untere Durchmesser eines parallel abgekürzten kegelförmigen 5 m tiefen Brunnens ist 6 m und der obere 4 m. Wie viele Cubikmeter Wasser kann dieser Brunnen aufnehmen?

Antwort. Nach Formel No. 449 ist $k = 0{,}2616(6^2 + 6.4 + 4^2)$. $5 = 1{,}3080.76 = 99$ ⬜ m 408 ⬜ dm.

355) Der untere Durchmesser eines kreisrunden, einen parallel abgekürzten Kegel bildenden Festungsmauerwerks, beträgt 209 m, der obere 13 m 15 cm höher liegende Durchmesser misst 139 m. Wie viele Cubikmeter — wenn das ganze Werk massiv angenommen wird — enthält dasselbe?

356) Der innere Boden-Durchmesser eines 1,33 m tiefen Wasserständers ist 6 dm und 6 cm, der obere innere aber 39 cm. Wie viele Liter Wasser etc. fasst er?

357) Ein grosser Braubottich, dessen unterer innerer Durchmesser 4 m und dessen oberster im Lichten 3 m beträgt, soll voll Wasser getragen werden. Wie viel Butten à 47 Liter kann dieser Bottig aufnehmen, wenn er 1,33 m tief ist?

358) Der Durchmesser am inneren Boden eines Getreidemaasses ist 38 cm, oben im Lichten aber 30 cm. Wie viel fasst dieses Gemäss, wenn es 0,33 m tief ist?

359) Wie viel wiegt das Weizenmehl, welches in einen Behälter geht der 24 cm tief, 53 cm inneren und 36 cm oberen Boden-Durchmesser hat, wenn das Weizenmehl 1,78 mal so schwer als Wasser ist, und $\frac{1}{32}$ ☐ m Wasser 66 Zollpfund wiegt?

360) Der innere Durchmesser eines kegelförmig zulaufenden Bierseidels ist 8 cm, der obere 6 cm. Wenn dies Seidel nun 22 cm tief ist, wie viel wiegt das Bier, welches hineingeht, wenn das Bier 1,02 mal so schwer als ein gleiches Volumen Wasser ist?

§ 71. 8) Der Mantel oder die krumme Oberfläche des parallel abgekürzten Kegels

hat, horizontal ausgebreitet, die Form eines Ringflächen-Ausschnittes, u. man findet die Fläche dieses Mantels nach No. 452 oder 453. Z. B.

361) Welche Fläche hat eines parallel abgekürzten Kegels Mantel von 4 m unterem, 2²⁄₃ m oberen Durchmesser und 3⅓ m schräger Seitenlänge?

Antwort. 34 ☐ m 83 ☐ dm 2 ☐ cm u. 34,9 ☐ mm, denn:

Berechnung. Nach Formel No. 453 ist

$$m = \frac{3,141.3,33(4+2,66)}{2} = (10,45953.6,66):2 = \frac{69,6604698}{2}$$

34,8302349 ☐ m.

362) Welche Fläche enthält der zu übertünchende Mantel einer holländischen Windmühle von 11,33 m schräger Seitenlänge, 27 m unterem und 29 m oberem Umfang?

363) Wie viel beträgt der Mantel eines parallel abgekürzten Kegels von 4,66 m unterem und 2,66 m oberen Durchmesser, wenn seine Seitenlänge 4 m ist?

364) Der untere Umfang eines parallel abgekürzten Kegels ist 2 m, der obere 3,33 m und seine schräge Seitenlänge 6 m; wie viel beträgt sein Mantel?

365) Wie gross ist der krumme äussere u. innere Flächenraum einer holländischen Windmühle, welche unten 1 m und oben 34 cm Mauerstärke hat, deren innerer unterer Durchmesser 9,33 m, der obere im Lichten aber 7 m beträgt und deren Höhe 12 m ist?

366) Eine Schachtel von Pappe, in Form eines Bechers, mit Deckel, soll durchaus von aussen und innen mit feinem Goldpapiere überzogen werden. Die schräge Seitenlinie dieser Schachtel ist 42 cm, ihr unterer Umfang 58 cm, ihr oberer aber 68 cm. Wie theuer kömmt das dazu nöthige Goldpapier, wenn 10 ☐ dm 6 Sgr. kosten, und die Aussenseite dieses Becherschachtelbodens keinen Goldpapierüberzug erhalten soll?

§ 72. T) Der parallel abgekürzte hohle Kegel.

Das Volumen (d. h. der körperliche Raum) der Körpermasse eines parallel abgekürzten Kegels ist

456) $k = \frac{\pi h}{3}[(R^2 + Rr + r^2) - (\mathfrak{R}^2 + \mathfrak{R}\varrho + \varrho^2)]$, wo $\mathfrak{R}$ den grösseren, r den kleineren Radius von ausserhalb; aber $\mathfrak{R}$ den grösseren und ϱ den kleineren Radius (der Grundflächen) im Lichten bezeichnet. Z. B.

367) Wie viele Cubikmeter Steine bedurfte man zu einer holländischen Windmühle, wenn deren untere Mauerstärke 1 m, deren obere 66 cm; ihr unterer innerer Durchmesser 6 m, ihr oberer innerer aber 5,33 m, und ihre Höhe 10 m beträgt?

Antwort: 170 ☐ m 225 ☐ dm u. 448 ☐ cm, denn:

Berechnung. Nach voriger Formel findet man

$k = \frac{3,141.10}{3}[(4^2+4.3,325+3,325^2) - (3^2+3.2,665+2,665^2)]$.

$= 10,47[(16+13,300+11,055625) - (9+7,995+7,102225)]$

$= 10,47[40,355625 - 24,097225] = 10,47.16,2584 =$

170,225448 ☐ m. — $R = \frac{6}{2} + 1$, $r = \frac{5,33}{2} + 0,66$ m

3,325 m.

368) Ein parallel abgestumpfter kegelförmiger alter Gefängnissthurm von 27 m Höhe, hat unten zu seinem grössten Durchmesser 16 m, zu seinem oberen grossen Durchmesser 14 m; sein Mauerwerk ist durchweg 0,66 m stark,

Dieser Thurm soll abgetragen werden, weshalb es sich fragt: mit wie vielen Fuhren die Steine und der Schutt von diesem Thurme werden weggefahren können, wenn man auf 4⁴/₉ ☐ m 3 Fuhren rechnet?

369) In einer Eisengiesserei soll ein eisernes, mit seiner Grundfläche parallel abgekürztes konisches Gefäss von 33 m innerer Tiefe, 49 cm innerem unteren, und 38 cm oberen Durchmesser, mit 8 mm starkem Boden gegossen werden. Wenn nun die Metallstärke des Mantels 5 mm sein soll, wie schwer wird dies Gefäss sein, wenn $\frac{1}{32}$ ☐ m Gusseisen zu 463 preuss. Zollpfund gerechnet wird? (Der Boden ist als ein Cylinder für sich zu berechnen).

370) Es soll eine holländische Windmühle erbaut werden, welche unten 1 m und oben ¹/₃ m Mauerstärke erhalten soll, und deren unterer innerer Durchmesser 9 m, deren oberer innerer aber 7 m, und deren Höhe 12 m betragen soll. Es fragt sich nun: wie viel ☐ m Steine erforderlich sind?

§ 73. U) Die Kugel (Sphäre) (Fig. 51)

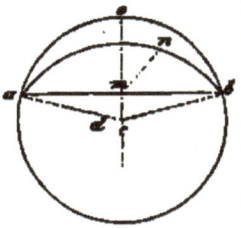

Fig. 51.

ist ein Körper von zirkelrunder Oberfläche (Kugeloberfläche gen.) so eingeschlossen, dass jeder Punkt dieser einzigen krummen Fläche vom Mittelpunkte c der Kugel, überall gleichweit absteht.

Das Verhältniss des Würfels (Cubus) des Kugeldurchmessers zum körperlichen Inhalte der Kugel ist wie

1 : 0,5231987755⁹⁸ ....

welches annähernd sehr bequem durch $\frac{11}{21}$ ausgedrückt wird, d. h. wenn der Cubus des Kugeldurchmessers 21 ☐ dm ist, so beträgt der kubische Inhalt der Kugel 11 ☐ dm.

Die Berechnung des Cubikinhaltes der Kugel gründet sich auf den merkwürdigen mathematischen Satz: „dass die Halbkugel ²/₃ mal so gross ist als ein Cylinder, der mit ihr (der Halbkugel) gleiche Grundfläche und Höhe hat."

Unter Beibehaltung der bisherigen Bezeichnungen, findet man, wenn:

Laud. №.	gegeben ist:	u. gesucht wird:	die entsprechende Formel:
457	r	k	$= r^3 . 4{,}18879 = \frac{4}{3}\pi r^3.$
458	d	k	$= d^3 . 0{,}523199 = \frac{\pi d^3}{6}.$
459	u	k	$= u^3 . 0{,}016887 = \frac{u^3}{6\pi^2}.$
460	m	k	$= 0{,}094 . m \sqrt{m} = \sqrt{\frac{m}{36\pi}}$
461	r	m	$= r^2 . 12{,}56637 = 4r^2\pi.$
462	d	m	$= d^2 . 3{,}14159 = d^2\pi.$
463	u	m	$= \frac{u^2}{\pi}.$
464	k	m	$= 4{,}835970 \sqrt[3]{k^2} = \sqrt[3]{36\pi k^2}.$
465	k	r	$= 0{,}62035 \sqrt[3]{k} = \sqrt[3]{\frac{3k}{4\pi}}.$
466	m	r	$= 0{,}282095 \sqrt{m} = \sqrt{\frac{m}{4\pi}}.$
467	k	d	$= 1{,}240701 \sqrt[3]{k} = \sqrt[3]{\frac{6k}{\pi}}.$
468	m	d	$= 0{,}564189 \sqrt{m} = \sqrt{\frac{m}{\pi}}.$
469	k	u	$= 3{,}897777 \sqrt[3]{k} = \sqrt[3]{6\pi^2 k}.$
470	m	u	$= 1{,}772454 \sqrt{m} = \sqrt{m\pi}.$

Beispiele. 371) Wie schwer ist eine eiserne Kugel

von 6 cm Durchmesser, wenn 31,25 ▯ dm (= $\frac{1}{32}$ ▯ m) Eisen zu 460 Pfd. gerechnet wird?

Antwort. Nach Formel No. 458, ist k = $6^3 \cdot 0{,}523$ = 112,968 ▯ cm, diese wiegen $\frac{112{,}968 \cdot 460}{1000 \times 31{,}25}$ = 1,66288996 Pfd.

372) Wie schwer ist eine Kugel von Birnbaumholz, wenn ihr Umfang 42 cm ist, u. $\frac{1}{32}$ ▯ m Birnbaumholz 45 Pfd. wiegt?

373) Welchen Inhalt hat eine Kugel von $1^2/_3$ m Durchmesser?

374) Wie gross ist der kubische Inhalt von 2 Kugeln zusammen, deren Umfänge 2,33 m u. 3,33 m betragen?

375) Was wiegt eine eiserne Kugel von 4 cm Durchmesser, wenn $\frac{1}{32}$ ▯ m zu 500 Pfd. gerechnet wird?

376) Was wiegt eine elfenbeinerne Billardkugel von 1,8 dm Umfang, wenn 18 ▯ cm Elfenbein $1^3/_4$ Loth wiegen?

377) Wie schwer ist eine Kugel von Korkholz von 33 cm Durchmesser, wenn $\frac{1}{32}$ ▯ m Korkholz 15 Pfd. wiegt?

378) Wenn die gläserne Kugel an einem Barometer 5 cm Umfang hat, u. mit Quecksilber angefüllt ist, was wiegt (die Schale des Glases unberücksichtigt gelassen) das Quecksilber in derselben, wenn dasselbe 13,6 mal so schwer als Wasser ist, u. $\frac{1}{32}$ ▯ m Wasser 66 Pfd. schwer angenommen wird?

379) Wenn man den Durchmesser der Erdkugel zu $1727^1/_2$ Neumeilen annimmt, wieviele Cubik-Neumeilen enthält dann der ganze Erdball?

380) Der Radius einer Kugel ist 3,46 dm; wieviele ▯ cm enthält dieselbe?

381) Wie gross ist der Durchmesser einer Kugel von $1^1/_4$ ▯ m Inhalt?

382) Wie gross ist der Umfang einer 80 pfündigen Mörserkugel, wenn das specifische Gewicht des Gusseisens

= 7,2 (d. h. 7,2 mal so schwer als Wasser) ist, von welchem $\frac{1}{32}$ ☐ m (oder 31,25 ☐ dm) 66 Pfd. wiegt?

383) Wie gross ist der Durchmesser einer Kugel von $\frac{1}{4}$ ☐ m Inhalt?

384) Wieviele cm Radius hat eine Kugel von 18000 ☐ cm Inhalt?

385) Wie gross ist der Umfang einer Kugel von 1,6 ☐ m Inhalt?

386) Wie gross ist der Umfang einer Kugel von $\frac{1}{32}$ ☐ m Inhalt?

387) Der kubische Inhalt einer Kugel ist 0,3 ☐ m, wie gross ist ihr Durchmesser?

388) Wie gross ist die Peripherie einer Kugel von 0,326 ☐ m Inhalt?

389) Wie gross ist der Durchmesser einer 1 Pfd. schweren Kugel von Blei, wenn $\frac{1}{32}$ ☐ m Blei 480 Pfd. wöge?

390) Wenn das specifische Gewicht des Messings = 8,4 ist; wie gross ist dann der Durchmesser einer 1 Pfd. schweren Messingkugel?

391) Das specifische Gewicht des Gusseisens ist 7,2. Wie gross ist hiernach der Durchmesser einer 1 Pfd. schweren Eisenkugel?

392) Das specifische Gewicht des Buchenholzes ist 0,8; wie gross ist hiernach der Durchmesser einer 1 Pfd. schweren Kugel von Buchenholz?

393) Wie gross ist der Durchmesser einer 1 Pfd. schweren Korkholzkugel, wenn das specifische Gewicht des Korkholzes = 0,24 ist?

394) Welchen Umfang hat eine 20 pfündige Kanonenkugel, wenn das specifische Gewicht des Gusseisens = 7,2 ist?

§ 74. V) Die hohle Kugel.

Der kubische Inhalt der Körpermasse hohler Kugeln wird gefunden, wenn man das Volumen des hohlen

Raumes vom Volumen der als voll angenommenen Kugel subtrahirt. Lässt man nun hier auch die Bezeichnungen wie für den hohlen Cylinder gelten, so findet man für

471) $k = 0{,}5236(D^3-d^3) = \dfrac{\pi}{6}(D^3-d^3) = \dfrac{D^3\pi}{6} - \dfrac{d^3\pi}{6}$.

Ist die Stärke (Dicke) der Kugelschale gegeben, so findet man D, wenn man ihre doppelte Stärke zu d addirt; u. d, wenn man von D die doppelte Stärke der Kugelschale abzieht.

Beispiele. 395) Wieviel beträgt die Körpermasse einer hohlen Kugel, wenn der Durchmesser (D) der ganzen Kugel $3\tfrac{1}{2}$ dm, die Stärke der Kugelschale aber 6 mm beträgt?

Antwort. 2 ⌷ dm 232 ⌷ cm 516 ⌷ mm, denn:

Berechnung. Hier ist $d = 350$ mm $- 12$ mm $= 338$ mm $= 3{,}38$ dm, daher $k = 0{,}5236\,(3{,}5^3 - 3{,}38^3) = 0{,}524\,(42{,}875 - 38{,}614472) = 0{,}524 \cdot 4{,}260527 = 2{,}232516148$ dm.

396) Wie schwer ist eine Bombenkugel von 49,5 cm Durchmesser u. 26 cm Eisenstärke, wenn 31,25 ⌷ dm Gusseisen zu $4\tfrac{1}{2}$ Ctr. gerechnet werden?

397) Wieviel beträgt die Körpermasse einer hohlen Kugel von 66 cm Durchmesser u. 2,6 cm Stärke?

398) Der innere Durchmesser einer hohlen Kugel ist 33 cm, u. ihre Schale 3,2 cm dick. Wie gross ist ihr körperlicher Inhalt?

399) Wie gross ist der körperliche Inhalt einer Kugelmasse, deren Durchmesser 1 m, u. deren Schale 6 mm beträgt?

400) Was wiegt eine hohle Bleikugel von 16 cm Durchmesser, u. 2,6 cm Körperdicke, wenn man 18 ⌷ cm Blei zu 14 Zollloth rechnet?

401) Wieviel wiegt ein halbkugelförmiger kupferner Kessel von 1 m Durchmesser der oberen Oeffnung, u. 2,4 mm Metallstärke, wenn 18 ⌷ cm Kupfer 12 Neuloth wiegen?

402) Wieviel wiegt eine Bombenkugel von 29,5 cm innerem Durchmesser u. 3,2 cm Eisenstärke, die 31,25 ⌷ dm Gusseisen zu 450 Zollpfd. gerechnet?

§ 75. W) Die Oberfläche (der Mantel) der Kugel.

Zerschneidet man die Kugel durch ihren Mittelpunkt, so bildet die Durchschnittsfläche eine Kreisfläche $= r^2\pi$, u.

nimmt man diese 4 Mal, so erhält man die Formel für den Mantel der Kugel:

472) $m = 4r^2\pi = d^2\pi = \dfrac{u^2}{\pi}$.

Z. B. 403) Eine Kugel von 1 m Durchmesser soll vergoldet werden. Wenn man nun annimmt, dass man zur Vergoldung von $\dfrac{1}{10}$ ☐ m an Gold 0,20 Gramm gebraucht, so fragt sich's: wie hoch würde die Vergoldung zu stehen kommen, wenn 3,9 Gramm Gold 28 Sgr. kosten?

Antwort. 1 ℔ 15 ℊ 1,224 ♃, denn:

Berechnung. Hier ist $m = 1^2 \cdot 3{,}141 = 3{,}141$ ☐ m, daher:

$$x\text{ ℔} = 3{,}141\text{ ☐ m}$$
$$0{,}1 = 0{,}20 \text{ Grs.}$$
$$u. 3{,}9 = 28 \text{ Sgr.}$$
$$30 = 1\text{ ℔}.$$

u. findet hieraus für
$$x = \dfrac{3{,}141 \cdot 0{,}20 \cdot 28}{0{,}1 \cdot 3{,}9 \cdot 30} = \dfrac{19{,}544}{13} \text{ ℔} = 1 \text{ ℔ } 15 \text{ ℊ } 1{,}224 \text{ ♃}.$$

404) Wie gross ist die Oberfläche einer Kugel von 2,5 m, Umfang?

405) Der Durchmesser einer Kugel ist 1 m 33 cm, wieviel beträgt ihre Oberfläche?

406) Wie gross ist die Oberfläche einer Kugel von 1 m 99 cm Durchmesser?

407) Der Umfang einer Kugel beträgt 5 m; wie gross ist ihre Oberfläche?

408) Die Peripherie einer Kugel sei 13 cm; wie gross ist ihre Oberfläche?

409) Wie gross ist die Seite eines Quadrates, welches der Oberfläche einer Kugel von 1,66 m Durchmesser gleich ist?

410) Wie gross ist die Seie eines gleichseitigen Dreiecks, welche der Oberfläche einer Kugel von 2,33 m Umfang gleich ist?

411) Wieviel Gold bedarf man zur Vergoldung einer Kugel von 2 m Durchmesser, wenn man mit 9,98 Gramm Gold 2 ☐ m vergolden kann?

412) Ein grosser silberner Becher in Halbkugelform, von 22 cm Durchmesser der inneren Randkreislinie, soll

Inwendig vergoldet werden. Wieviele ▢ dm beträgt die innere Vergoldung?

413) Wenn man den Umfang der Erde zu 5423,5 Neu-Meilen annimmt; wie gross würde die Seite eines Quadrates sein, welches der Erdoberfläche gleich wäre?

§ 76. X) Formel für den Kugelsektor
(oder den sphärischen Kugelausschnitt).

Bezeichnet R den Kugelradius, c o = h die Höhe des Kugelsektors (48), so findet man

473) $k = {}^2/_3 R^2 h \pi$.

Z. B. 415) Welchen Inhalt hat ein Kugelsektor, wenn der Kugelradius R = 39 cm, u. die Höhe h des Kugelsektors 66 cm beträgt?

Antwort. $k = {}^2/_3 . 39^2 . 0,66 . 3,141 = 2.1521.0,22.3,141$
$= 21,0208284$ ▢ cm.

§ 77. Y) Das sphärische Segment (d. i. der Kugelabschnitt oder die Calotte).

Bezeichnet h die Höhe oder den Pfeil o m, r den Radius der Segmentkreisfläche, so erhält man, wenn

Laud.№	gegeben ist:	gesucht wird:	die entsprechende Formel:	
474	R u. h		$= \frac{\pi h^2}{3}(3R - h)$	
475	R u. r	k	$= 1,047 [2R^3 - 2(R^2 + r^2)\sqrt{(R^2 - r^2)}]$.	
476	R u. a		$= 1,047 (R - a)^2 (2R + a)$.	
477	h u. r		$= 3,141 h \left(\frac{r^2}{2} + \frac{h^2}{6}\right)$.	
478	R u. h		$= 2R\pi h$	NB. f bedeutet die sphärische Oberfläche des Segments.
479	R u. r	f	$= 2R\pi \sqrt{(R^2 - r^2)}$.	
480	h u. r		$= 3,141 (h^2 + r^2)$.	
481	R u. h		$= 3,141 h (4R - h)$.	
482	R u. r	m	$= 3,141 [2R^2 - 2R\sqrt{(R^2 - r^2)} + r^2]$	
483	h u. r		$= 2\pi h$.	

Beispiele. 416) Der Durchmesser der Oeffnung eines 49 cm tiefen kugelförmigen Kessels ist 1¹/₃ m; wieviele Liter Wasser gehen hinein?

Antwort. Hier ist nach Formel No. 474) h = 49 cm; und $\frac{1\frac{1}{3}}{2} = \frac{4}{6} = {}^2/_3$ R, daher:

k = 1,047.0,49²(3.0,66 — 0,49) = 0,05764801.1,49 = 0.0894 ▯ m = 89,4 ▯ dm oder 89,4 Liter.

417) Der Radius der Grundfläche eines Kugelsegmentes ist 3 m, und seine Höhe 0,66 m, wie gross ist sein Inhalt?

418) Wie gross ist das Volumen eines Kugelsegmentes von 1,06 m Radius seiner Grundfläche, und 3 m seiner Höhe?

419) Der Radius der Grundfläche eines Kugelsegmentes ist 1³/₄ m, seine Höhe 0,8 m; wie gross ist sein Volumen?

420) Der Radius der Oeffnung eines 27 cm tiefen Kessels ist 1,06 m. Wieviele Liter Wasser fasst er?

421) Die krumme Mantelfläche ist wie gross, wenn der Radius ihrer Grundfläche 11 cm, ihre Höhe aber 8 cm beträgt?

78. Z) Die sphärische Zone (abcd, Fig. 52)

entsteht, wenn eine Kugel durch 2 einander parallele Ebenen geschnitten wird, und man das zwischen diesen Ebenen befindliche sphärische Stück a b c d berücksichtigt. — Unter dem Mantel m dieser sphärisch-körperlichen Zone versteht man die äussere gekrümmte Oberfläche (Kugelband od. Zono genannt) derselben. — Bezeichnet nun ef = h deren Höhe oder Dicke, ae = ϱ den Radius der kleineren, bf = r aber den Radius der grösseren parallelen Kreisfläche, R hingegen den Radius der Kugel, O die ganze Oberfläche, und k der Zone kubischen Inhalt, so erhält man, wenn

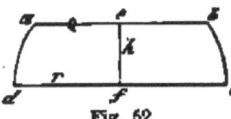

Fig. 52.

Lauf. N.	gegeben ist:	u. gesucht wird:	die entsprechende Formel:
484	R, h u. a*)	k	$= \pi h \left(R^2 - a^2 - ah - \frac{h^2}{3}\right)$.
485	r, ϱ u. h		$= \frac{\pi h}{6} (3r^2 + 3\varrho^2 + h^2)$.
486	R u. h	m	$= 2R\pi h$.
487	R, a u. ϱ		$= 2R\pi \left[\sqrt{\left(R^2 - \frac{\varrho^2}{4}\right)} - a\right]$.
488	R, r, ϱ, h	O	$= \pi (Rh + r^2 + \varrho^2)$.
489	R, r, ϱ, a		$= \pi \left[R\sqrt{\left(R^2 - \frac{\varrho^2}{4}\right)} - Ra + r^2 + \varrho^2\right]$.

Beispiele. 422) Es sei der Radius der grösseren Zonen-Ebene 16 cm, der Radius der kleineren Zonen-Ebene 11 cm, und die Höhe der Zone = 6 cm; wie gross ist ihr kubischer Inhalt?

Antwort. 3 ⬜dm 665 ⬜cm u. 547 ⬜mm, denn:

Berechnung. Nach Formel No. 485) findet man
$k = \frac{3{,}141.6}{6} (3.16^2 + 3.11^2 + 6^2) = 3{,}141 \times (768 + 363 + 36) = 3{,}141.1167 = 3665{,}547$ ⬜cm = 3 ⬜dm 665 ⬜cm und 547 ⬜mm.

423) Wie gross ist der Mantel einer körperlichen Zone (also des Kugelbandes), wenn der Radius ihrer Kugel 28 cm, und die Höhe der Zone 23 cm beträgt?

79) Formeln für folgende platonische Körper.

Erklärung. Der Tetraeder ist ein von 4 congruenten gleichseitigen Dreiecken; der Hexaeder, ein von 6 congruenten Quadraten: der Oktaeder, ein von 8 congruenten gleichseitigen Dreiecken; der Ikosaeder, ein von 20 gleichseitigen

---

*) a bedeutet den senkrechten Abstand der Mitte f von der grösseren Grundfläche bc der Zone bis zum Mittelpunkte m der zugehörigen Kugel.

Dreiecken, und der Dodekaeder ein von 12 congruenten regulairen Fünfecken eingeschlossener Körper.

Bezeichnet nun s die Kante oder Seite, O die Oberfläche, und k den kubischen Inhalt, so erhält man für

Lauf.№	Name	wenn gegeben ist	n. gesucht wird	die entsprechende Formel:
490	Tetrae-	s	k	$= 0{,}11785.s^3$.
491	der		O	$= 2{,}5981.s^2$.
492	Hexae-	s	k	$= s^3$.
493	der		O	$= 6.s^2$.
494	Oktae-	s	k	$= 0{,}4714.s^3$.
495	der		O	$= 3{,}4641.s^2$.
496	Iko-	s	k	$= 2{,}1817.s^3$.
497	saeder		O	$= 8{,}6601.s^2$.
498	Dode-	s	k	$= 7{,}6631.s^3$.
499	kaeder		O	$= 20{,}6457.s^2$.

§ 80. Den kubischen Inhalt eines höchst unregelmässigen Körpers zu finden.

Auflösung. Man stellt oder legt ihn in einen parallelepipedischen Kasten, füllt denselben mit feinem Sande durchweg so aus, dass er den Gegenstand völlig überdeckt, rüttelt hierauf den Kasten eine Weile etwas stark, damit sich der Sand in alle noch so kleine Falten etc. des Körpers dicht anlegt, worauf man die Dimensionen genau misst, welche der Körper sammt dem horizontal gerüttelten Sande im Kasten einnimmt, und diese Dimensionen (Länge, Breite und Höhe) innerhalb des Kastens mit einander multiplicirt, so erhält man den kubischen Inhalt, welchen der eingelegte Körper sammt dem Sande enthält. Hierauf nimmt man den Körper behutsam und so heraus, dass aller von ihm abfallende Sand wieder in den Raum des Kastens zurückfällt, rüttelt den Sand daselbst wieder möglichst horizontal, seine 3 Dimensionen genau misst, solche mit einander multiplicirt, und ihr Produkt vom vorigen subtrahirt, so giebt der Rest den gesuchten Inhalt des unregelmässigen Körpers.

Hat man aber den hohlen Raum irgend eines irrogulairen Gefässes, z. B. einer Urne, Vase, Kanne od. dergl. zu ermitteln, so füllt man einen solchen hohlen Raum ebenfalls mit feinem trockenen Sande bis zum Rande der Oeffnung aus, schüttelt das Gefäss so lange, bis sich der Sand in allen inneren Fugen festgesetzt und auf der äusseren Oberfläche sich geebnet hat, worauf man ihn in ein parallelepipedisches Kästchen ausschüttet, dasselbst völlig horizontal rüttelt, und nun die 3 Dimensionen misst, welche der Sand in dem Kasten einnimmt, so giebt ihr Produkt den kubischen Inhalt des hohlen Gefässraumes an.

Verlangt man hingegen die Anzahl **Liter**, **Quarte** oder **Kannen** zu erfahren, welche der innere Raum (Hohlraum) eines irregulairen Gefässes aufnehmen kann, so geschieht dies ganz einfach dadurch, dass man ihn mit Wasser aus einem solchen Gefässe (Liter, Quart) nach und nach anfüllt, welches man das **Visiren auf nassem Wege** nennt.

§ 81. Verwandlung eines Körpers in einen andern.

Hier betrachte man auf gleiche Weise wie bei der Verwandlung der Fläche in einander, den zuvor berechneten Inhalt des zu verwandelnden Körpers als den Inhalt desjenigen Körpers, in welchen man den erstern verwandlen will, und suche dann mittelst der entsprechenden Formel aus derselben die gesuchte Grösse. Z. B.

424) Ein Messing-Cylinder von 30 cm Höhe und 11 cm Durchmesser, soll in eine Kugel umgegossen werden. Wie gross muss der Durchmesser der Gussform sein?

Antwort. 8 cm 1,5678 mm, denn:

Berechnung. Nach Formel No. 403) enthält der Cylinder $11^2 . 30 . 0,785 = 284,955$ $\square$ cm, und soviel enthält auch die verlangte Kugel, deren Durchmesser d nach Formel 467 ist: $d = 1,241 \sqrt[3]{284,955} = 1,241 . 6,58 = 8,16578$ cm.

425) Ein Haufen Steine, in Form eines Kegels von

33,3 m unterem Umfang und 8 m Höhe, soll in Gestalt eines Würfels aufgeschichtet werden. Wie lang muss jede Grundseite des Würfels angelegt werden?

426) Eine 44 cm lange Metallröhre von 8 cm innerem Durchmesser, und 1 ¼ cm Körperdicke, soll in einen 8 ½ cm hohen Kegel umgeschmolzen werden; wie gross muss der Radius der Grundfläche dieses Kegels werden?

427) Wie gross ist der Durchmesser einer Kugel, welche einem Parallelepipedon von 22 cm Länge, 9 cm Breite und 14,5 cm Höhe gleich ist?

428) Die Steine eines abgebrochenen Kreisbogengewölbes im Halbkreis (ohne seine Widerlage) von 20 m Länge, 4 m Durchmesser im Lichten, und ¾ m Mauerstärke, sollen 2 m hoch kegelförmig aufgeschichtet werden. Wie gross muss der Radius sein, mit welchem der Grundflächenkreis auf dem Boden beschrieben werden muss?

429) Ein metallener Kugelabschnitt von 13,9 cm Höhe und 33,3 cm Durchmesser seiner Grundfläche, soll in eine volle Kugel umgegossen werden. Wie gross muss der Durchmesser der Kugelgussform sein?

430) Der Durchmesser einer Kugel ist 15,5 cm; wie gross ist der Durchmesser einer 2mal so grossen Kugel?

431) Drei messingene 10,5 cm hohe Kugel, von je 5 cm, 8,5 cm und 11 cm Durchmesser ihrer Grundfläche, sollen zu einem einzigen Würfel umgegossen werden. Wie gross wird jede Kante (Seite) dieses einzigen Würfels sein müssen?

432) Die Steine von einem 13,5 m langen Kreisbogengewölbes von 120 Graden, 2,66 m Durchmesser des Kreises und 66,5 cm Mauerstärke, sollen quadratförmig aufgeschichtet werden, wozu noch eine 2 m hohe und 66 cm breite Widerlage gehört. Wie gross muss daher jede Seite der Grundfläche dieses prismatischen Steinhaufens angelegt werden, wenn derselbe 4 m hoch werden soll?

433) Der Radius des umschriebenen Kreises der Grundfläche eines 2,66 m hohen 8-seitigen Prisma's, ist 1 m. Wie gross wird der Umfang einer Kugel sein müssen, welche dem Volumen dieses Prisma's gleich ist.

434) Wie gross ist die Kante eines Würfels, welcher einer Kugel von 33,3 cm Durchmesser gleich ist?

435) Wie gross ist der Durchmesser einer Kugel, welche einer 1,66 m hohen 5-seitigen Pyramide gleich ist, deren Radius des umschriebenen Kreises ihrer Grundfläche 33,3 cm beträgt?

436) Wie dick ist eine kreisrunde Messingscheibe von 55,66 cm Durchmesser, welche an Gewicht einer Messingkugel von 2,33 m Umfang gleich ist?

§ 82.) Berechnung des Bau- und Brennholzes.

Der kubische Holzgehalt von schon zugehauenen Bauhölzern wird gefunden, wenn man dieselben entweder als Parallelepipedons, oder, wenn ihre Seitenflächen verjüngt zulaufen, als mit ihrer Grundfläche parallel abgekürzte Pyramiden betrachtet, und als solche nach der Formel: No. 368 $k = \frac{gh}{3}$, berechnet, wo g die grössere Grundfläche bedeutet.

§ 83. a) Berechnung der gefällten u. unbehauenen Baumstämme.

Bezeichnet k den kubischen Holzgehalt, h die Länge oder Höhe des Baumstammes, D (= ab) den unteren Stammdurchmesser, (d = cd) den oberen oder Buschende-Durchmesser, mn (Fig. 50) aber den mittleren oder durchschnittlichen Durchmesser des zu berechnenden Baumstammes (auch Block gen.), so findet man für die mehr walzenals kegelförmigen stets an beiden Enden senkrecht abgesägten u. noch unbehauenen Baumstämme, deren kubischen Holzgehalt mittelst der Formel:

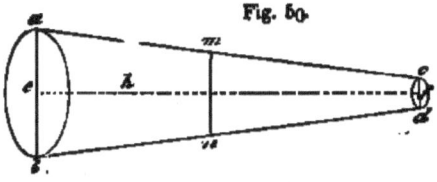

Fig. 50.

$$500) \quad k = \left[\left(\frac{cmD + cmd}{4}\right)^2 . 3141 \, m\right] : 1000000,$$

d. h. „man messe 1) den oberen und unteren Stammflächen-„Durchmesser (also D und d) nach Centimetern (bez. durch „cm), addire 2) diese beiden in cm bestimmten Durchmesser, „nehme 3) von ihrer Summe den 4ten Theil, welchen man

„4) mit sich selbst multiplicirt, das hier erhaltene Produkt
„5) mit der 314fachen in Metern (m) ausgedrückten Länge
„des zu berechnenden Stammes multiplicirt, und 6) das hier
„erhaltene Produkt stets durch 1000000 dividirt", so zeigt
der sich ergebende Quotient die ▢ m, ▢ dm u. ▢ cm etc.
in einem Decimalbruche an, wo die links vor dem Komma
stehende Zahl die ▢ m, die ersten 3 rechts hinter dem Komma
folgenden die ▢ dm, und die nun folgenden die ▢ cm (od.
▢ Neu-Zoll) angeben. Z. B.

437) Ein eichener Fleischerklotz sei 0,4 m hoch (lang),
und es messe sein grösserer Grundflächen-Durchmesser
91 cm, sein kleinerer aber 87 cm; welchen kubischen
Holzgehalt hat derselbe?

Antwort. 249 ▢ dm ca, denn:

Berechnung. Zum grösseren Stammflächen-Durch-
             messer von . . . . . 91 cm.
             addirt den kleineren mit . 87 „
             giebt zusammen . . 178 cm,

hiervon ist der 4te Theil $= \frac{178}{4} = 44{,}5$ cm, und $44{,}5^2 =$
1980,25. — Des Klotzes Höhe beträgt 0,4 m, daher ist sein
Holzgehalt $k = \frac{1980{,}25 \cdot 314 \cdot 0{,}4}{1000000} = 0{,}248719410$ ▢ m, d. s.
248 ▢dm 719 ▢cm u. 410 ▢mm, wofür man 249 ▢dm rechnet.

Zusatz 1). Sind die beiden Stammende-Flächen anstatt kreisrund, dafür oval, oder sonst wie unregelmässig
geformt, so addirt man — wenn beide Stammflächen nicht
über $13\frac{1}{3}$ cm oder 5″ von einander abweichen — zum
längsten und kürzesten in cm (Zollen) ausgedrückten
Durchmesser der Stammendefläche noch den längsten u.
kürzesten Buschendeflächen-Durchmesser, so giebt der
4te Theil der Summe dieser vier Durchmesser den äquir-
ten, (mittleren oder durchschnittlichen) Durchmesser mn (Fig.
50) des zu berechnenden Baumstammes.

Zusatz 2). Ist der zu berechnende Baumstamm ge-
bogen, oder auch wellenförmig gewachsen, so muss
man ihn durch Kreidestriche in möglichst gerade Stücke abtheilen, u. jedes derselben nach voriger Regel, oder mittelst
nachstehender Tabelle berechnen.

— 154 —

§ 84. b) Tabelle zur schnellen Berechnung des kubischen Holzgehaltes unbehauener Baumstämme nach Cubikmetern, wie auch nach Cubikfussen,

m.D. **4 Centim.** (9)	**5 Centim.** (14)	**6 Centim.** (20)	**7 Centim.** (27)	**8 Centim.** (36)	**9 Centim.** (45)	**10 Centim.** (55)	**11 Centim.** (66)
C.F. 0,0012560	0,0019625	0,0028260	0,0038465	0,0050240	0,0063585	0,0078500	0,0094965
m.D. **12 Centim.** (79)	**13 Centim.** (93)	**14 Centim.** (108)	**15 Centim.** (124)	**16 Centim.** (141)	**17 Centim.** (159)	**18 Centim.** (179)	**19 Centim.** (198)
C.F. 0,0113040	0,0132665	0,0153860	0,0176625	0,0200960	0,0226865	0,0254340	0,0283385
m.D. **20 Centim.** (219)	**21 Centim.** (242)	**22 Centim.** (266)	**23 Centim.** (293)	**24 Centim.** (316)	**25 Centim.** (343)	**26 Centim.** (371)	**27 Centim.** (401)
C.F. 0,0314000	0,0346185	0,0379940	0,0415265	0,0452160	0,0490625	0,0530660	0,0572265
m.D. **28 Centim.** (431)	**29 Centim.** (462)	**30 Centim.** (495)	**31 Centim.** (528)	**32 Centim.** (563)	**33 Centim.** (598)	**34 Centim.** (635)	**35 Centim.** (668)
C.F. 0,0615440	0,0660185	0,0706500	0,0754385	0,0803840	0,0854865	0,0907460	0,0861625
m.D. **36 Centim.** (712)	**37 Centim.** (752)	**38 Centim.** (793)	**39 Centim.** (836)	**40 Centim.** (875)	**41 Centim.** (920)	**42 Centim.** (964)	**43 Centim.** (1010)
C.F. 0,1017360	0,1074065	0,1133540	0,1193985	0,1256000	0,1319585	0,1384740	0,1451465

für jede Stammeslänge und die mittleren Stammesdurchmesser (m D) von 4 bis 100 Centimeter.

m.D.	44 Centim.	45 Centim.	46 Centim.	47 Centim.	48 Centim.	49 Centim.	50 Centim.	51 Centim.
C.F.	0,1519760	0,1589625	0,1661060	0,1734065	0,1808640	0,1881785	0,1962500	0,2041785
m.D.	52 Centim.	53 Centim.	54 Centim.	55 Centim.	56 Centim.	57 Centim.	58 Centim.	59 Centim.
C.F.	0,2122640	0,2205065	0,2289060	0,2374625	0,2461760	0,2550465	0,2640740	0,2732585
m.D.	60 Centim.	61 Centim.	62 Centim.	63 Centim.	64 Centim.	65 Centim.	66 Centim.	67 Centim.
C.F.	0,2826000	0,2920985	0,3017540	0,3115665	0,3215360	0,3316625	0,3419460	0,3523865
m.D.	68 Centim.	69 Centim.	70 Centim.	71 Centim.	72 Centim.	73 Centim.	74 Centim.	75 Centim.
C.F.	0,3629840	0,3737385	0,3846500	0,3957185	0,4069440	0,4183265	0,4298660	0,4415625
m.D.	76 Centim.	77 Centim.	78 Centim.	79 Centim.	80 Centim.	81 Centim.	82 Centim.	83 Centim.
C.F.	0,4534160	0,4654265	0,4775940	0,4899185	0,5024000	0,5150385	0,5278340	0,5407865
m.D.	84 Centim.	85 Centim.	86 Centim.	87 Centim.	88 Centim.	89 Centim.	90 Centim.	91 Centim.
C.F.	0,5538960	0,5671625	0,5805860	0,5941665	0,6079040	0,6217985	0,6358500	0,6500585
m.D.	92 Centim.	93 Centim.	94 Centim.	95 Centim.	96 Centim.	97 Centim.	98 Centim.	99 Centim.
C.F.	0,6644240	0,6789465	0,6936260	0,7084625	0,7234560	0,7386065	0,7539140	0,7693785
m.D.	100 Centim.	C.F. 0,7850000						

Gebrauch vorstehender Holztabelle.

Um 1) den kubischen Holzgehalt eines zu berechnenden Baumstammes nach Cubikmetern etc. leicht zu finden, addirt man dessen oberen und unteren Stammdurchmesser in Centimetern ausgedrückt, und nimmt von dieser Summe die Hälfte, so erhält man den mittleren Durchmesser des zu berechnenden Baumstammes (in obiger Tabelle durch m D. bezeichnet). Diesen mittleren Durchmesser sucht man in vorstehender Tabelle auf und multiplicirt den unter ihm stehenden siebenstelligen Decimalbruch als constanten (oder beständigen Faktor und bez. durch C F.), stets mit der in Metern ausgedrückten Stammeslänge, so giebt das erhaltene Produkt den kubischen Holzgehalt des Baumstammes in einem Cubikmeter-Decimalbruche an. Hiernach erhält man für den eichenen Metzgerklotz in Aufgabe 437) als mittleren Durchmesser m D $= \frac{91 + 87}{2} = \frac{178}{2}$ cm $= 89$ cm unter welchen man in der Tabelle den Decimalbruch 0,6217985 als constanten Faktor (c F) findet. Weil nun dieser Klotz 0,4 m hoch (oder lang) ist, so enthält er 0,6217985 $\times$ 0,4 $=$ 0,24871940 ☐ m wie oben, woraus sich zugleich die Richtigkeit der Tabelle ergiebt.

Will man aber 2) den kubischen Holzgehalt eines Baumstammes nach Cubik-Werkfussen berechnen, so sucht man wie vorhin den mittleren Durchmesser des fraglichen Baumstammes in Werkzollen, sucht denselben als Centimeter betrachtend in vorstehender Tabelle auf, multiplicirt die unmittelbar darunter in Klammern () eingeschlossene Zahl mit der in Werkfussen ausgedrückten Stammeslänge und dividirt das erhaltene Produkt endlich stets durch 100, so ergiebt der Quotient den gesuchten Holzgehalt stets in Cubikfussen an. Hiernach erhält der Fleischerklotz in Aufgabe No. 437, weil sein grösserer Stammflächen-Durchmesser $= 34\frac{1}{8}''$, sein kleinerer aber $= 32\frac{5}{8}''$, also sein mittlerer Stammflächen-Durchmesser $\frac{34\frac{1}{8} + 32\frac{5}{8}}{2} = \frac{66\frac{3}{4}}{2} =$ $33\frac{3}{8}''$, wofür man nur $33''$ rechnet. Nun findet man unter 33 Centimeter m D die Zahl (598), folgl. enthält der

— 157 —

in Rede stehende Klotz, weil er 1,25″ (= 0,4 m hoch beinahe) = $\frac{598 . 1{,}25}{100} = \frac{747{,}50}{100}$ = 7,475 ⌷ Fuss.

Hat man endlich 3) preussische Cubikfusse Werkmaass in Cubikmeter umzurechnen, so braucht man erstere nur mit 0,031 zu multipliciren; und verlangt man Cubikmeter in preuss. Cubikfusse Werkmaasse umzusetzen, so dividirt man die Cubikmeter stets durch 0,031 (weil 1 ⌷ m = 32⅓ = 32,333 ⌷′ Werkmaass, und 1 preuss. ⌷′ Werkmaass = 0,031 ⌷ m ist. Z. B.

438) Wie viele Cubikmeter etc. sind in 7,475 ⌷′ preuss. Werkmaass enthalten?

Antwort. 7,475.0,031 = 0,231725 ⌷ m.

439) Wie viele preuss. Cubikfusse Werkmaass sind in 0,2487194 ⌷ m enthalten?

Antwort. $\frac{0{,}2487194}{0{,}031}$ = 8,0232 ⌷′ preuss. Werkmaass.

§ 85. c) **Die Anzahl von Bohlen, Brettern, Latten (oder Riegel) zu finden, welche aus einem Baumstamme geschnitten werden können.**

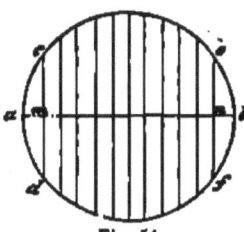

Fig. 54.

Auflösung. Messe des Stammes Bodenflächen-Durchmesser a b (Fig. 54), trage ihn auf, beschreibe aus seiner Mitte dessen Kreis, nehme sodann vom Durchmesser, wenn der Baum blos zu Bohlen geschnitten werden soll, ¼″ = 0,006 m, zu Brettern aber ½″ = 0,012 m ab, dividire mit der Stärke, welche eine Bohle oder ein Brett erhalten soll, in den übrigen Theil des in Centimetern ausgedrückten Durchmessers, so giebt der Quotient die gesuchte Anzahl der Bohlen oder Bretter, welche aus dem fraglichen Baumstamme geschnitten werden können.

Giebt dieser Quotient eine ganze Zahl (d. h. geht die Division auf), so erhält man — die beiden Schwartenstücke rechts u. links (also c d a c u. e f b e) mit eingerechnet — die gesuchte Bohlen- oder Bretterzahl; bleibt aber bei der Division ein Rest von so u. soviel Zollen, so dividirt man denselben durch den vorhin gefundenen Quotienten, addirt den jetzt erhaltenen Quotienten zur Stärke, welche eine Bohle oder Brett erhalten soll, u. theilt dann den Durchmesser a b (Fig. 54) nach Abzug des entsprechenden Sägeschnittes, in soviele gleichgrosse Theile, als man vorhin Bohlen etc. fand.

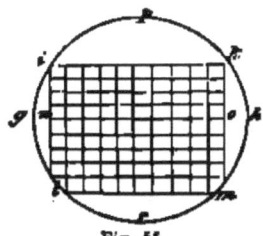

Fig. 55.

Sollen aber aus einem Baumstamme Latten oder Riegel geschnitten werden, so zieht man vom Durchmesser g h (Fig. 55) für die Breite einer Latte den entsprechenden Sägeschnitt ab, eben so auch den Sägeschnitt für die Höhe oder Stärke jeder Latte, worauf man auf 2 sich lothrecht schneidende Durchmesser die entsprechenden Abtheilungen für die Breite u. Stärke der Latten wie vorhin bei den Bohlen u. Brettern macht. — Bei Latten fallen 4 Schwartenstücke ab, von denen 2 schwächer sind als die beiden anderen.

§ 86. d) Das Brennholz

ward bisher klafterweise nach dem Cubikmaasse verkauft. Die preussische Klafter hielt 2 m (= 6') Höhe u. 2 m Breite; die Dicke aber, welche von der Länge der Scheite abhängt, ist nicht überall dieselbe, denn manchmal hält sie 6 Fuss, manchmal 4 Fuss, am häufigsten aber $3\frac{1}{2}$ bis 3 Fuss, wie es gerade ortsüblich ist.

Sind die Scheite 6' lang, so enthält die Klafter 6.6.6 = 216 Cubikfuss = $6\frac{3}{4}$ ⬜ m); bei $3\frac{1}{2}'$ Scheitlänge aber 6.6.$3\frac{1}{2}$ = 126 Cubikfuss (= 4 ⬜ m), u. bei 3' (gewöhnlicher Scheitlänge) = 6.6.3 = 108 Cubikfuss (= 3,4 ⬜ m) Holz.

Da aber beim Einlegen der Scheite ins Klaftermaass leere Räume entstehen, so müssen diese beachtet werden. Durch sorgfältige Beobachtungen hat man gefunden, dass die Anzahl von Cubikfussen des Stammholzes sich, nachdem es gespalten, u. im gewöhnlichen Klaftermaasse gemessen wird, um $1/4$ Klafter vermehrt; es geben hiernach 108 Cubikfuss Stammholz $108 + \frac{108}{4} = 108 + 27 = 135$ Cubikfuss in der Klafter, wo die leeren Zwischenräume mitgerechnet sind.

Hat man nun einige Stämme Holz, welche z. B. $792^1/_2$ Cubikfuss enthalten, u. will wissen, wieviele Cubikfuss Klafterholz man bekomme, so steht die Rechnung wie folgt:

Zu $792^1/_2$ ▭ ' Stammholz
noch addirt $\frac{792^1/_2}{4} = 198^1/_8$ „
giebt zusammen $990^5/_8$ ▭ Fuss Klafterholz.

Will man nun wissen, wie viel $990^5/_8$ ▭' Klaftern von z. B. $3^1/_2$ ' Scheitlänge ausmachen, so muss man $990^5/_8$ ▭' durch $6.6.3^1/_2 = 126$ ▭ ' dividiren, u. erhält $\frac{990^5/_8}{126} = \frac{7925}{1008} = 7,8621$ Klaftern. — In Berlin hat 1 Haufen Holz $= 4^1/_2$ Klafter zu 108 ▭ ' bei 3 ' Scheitlänge.

§ 87. c) Die trügerische Klafter im Walde.

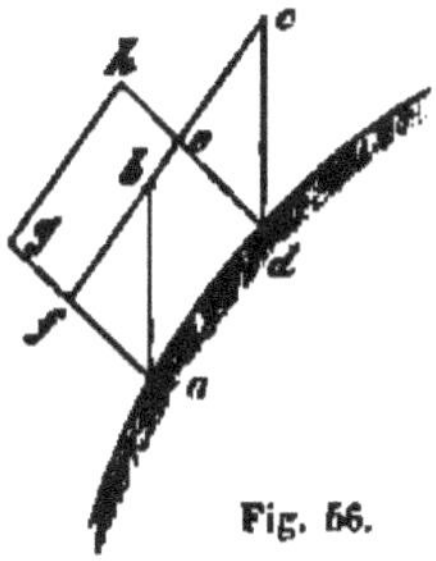

Auf dem abhängen Boden eines bewaldeten Berges findet man die Klaftern wie es der Rhombus a b c d (Fig. 56) zeigt, aufgeschichtet. Sind nun wirklich dessen Seiten a b = a d = 6', u. die Scheite $3^1/_2$' lang, so enthält eine so aufgeschichtete Klafter nie den richtigen Holzgehalt von $6.6.3^1/_2 = 126$ ▭, welche eine solche Klafter von derselben Höhe, Breite u. Scheitlänge haben würde, wenn sie richtig wie das Quadrat a g h d (Fig. 56) aufgeschichtet wäre, und zwar ist die Klafter a b c d um das Stück f g b e kleiner als die wirkliche Klafter a g h d, denn a f e d ist nach Gründen der Geometrie = a b c d; aber a f e d ist um das Stück f g b e kleiner als a g h d, folglich muss auch a b c d um das Stück f g b e kleiner als a g h d sein.

Fig. 56.

IV. Die Pythometrie oder Visirkunst.

§ 88. Aufgabe.

Die Anzahl Liter (Neu-Kannen) zu berechnen, welche ein verjüngt zulaufender (also konischer) u. kreisrunder Bottich enthält.

Auflösung. Dies geschieht mittelst der Formel:
entweder 1) $k = 1{,}047(R^2 + Rr + r^2)h$
oder 2) $k = 0{,}2618h(D^2 + Dd + d^2)$,
wo h die innere Bottichtiefe, R den inneren unteren Bodenradius, r den Radius der oberen Oeffnung, D den inneren unteren Bodendurchmesser, d den obersten inneren Bodendurchmesser, u. k den Liter- etc., Inhalt bedeutet z. B.

440) Wieviele Liter etc. kann ein solcher Braubottich aufnehmen, der inwendig 1,05 m tief; dessen innerer unterer Durchmesser 3,75 m, u. dessen oberster Durchmesser im Lichten 3 m beträgt?

Antwort. 94 Hektoliter u. 32,163125 Liter, denn:

Berechnung. $k = 0{,}2618 \cdot 1{,}05 \, (3{,}75^2 + 3{,}75 \cdot 3 + 3^2)$
$= 0{,}27489 \times (14{,}0625 + 11{,}25 + 9) = 0{,}27489 \cdot 34{,}3125$
$= 9{,}432163125$ ⏥m, d. s. 9 ⏥m 432 ⏥dm 163 ⏥cm
u. 125 ⏥mm, oder $= 9432{,}163125$ Liter $=$ 94 Hektoliter (Fass) 32,163125 Liter.

Aufgabe 2. Die Anzahl der Liter etc. zu finden, welche ein elliptisch-konischer Bottich enthält.

Regel. Man verwandelt beide ovale innere Bottichböden dadurch in gleichgrosse u. kreisrunde Bottichböden, dass man von der Summe des längsten u. kürzesten Durchmessers seine Hälfte nimmt, so giebt dieselbe den Durchmesser einer eben so grossen Kreisfläche. Z. B.

441) Wieviele Liter etc. enthält ein elliptisch-konischer Bottich, dessen längster innerer unterer Durchmesser 3 m,

— 161 —

dessen kürzester 2 m, ferner: dessen längster oberer Durchmesser im Lichten 2 m, dessen kürzester aber nur 1,25 m und dessen innere Höbe 1,5 m misst?

Antwort. 50 Fass und 86,7 Liter ca. denn:

Berechnung. Der Durchmesser des gleichgrossen Kreises beträgt vom unteren Bottichboden $= \frac{3+2}{2} = \frac{5}{2} = 2,5$ m, vom oberen aber $\frac{2+1,25}{2} = \frac{3,25}{2} = 1,625$ m, daher findet man nach der letzteren Formel für k $= 0,2618.1,5(2,5^2 + 2,5.1,625 + 1,625^2) = 0,3927 \times (6,25 + 4,0625 + 2,640625) = 0,3927 \times 12,953125 = 5,0866921875$ ☐ m, d. s. 5086,6921875 Liter oder 50 Hektoliter 86,7 Liter ca.

Aufgabe. 3) Die Anzahl Liter, welche ein ovaler Bottich mit senkrecht stehenden Dauben enthält.

Regel. Man dividirt das 5500fache Produkt der längsten und kürzesten inneren Bodenaxe mit der inneren Höhe, durch 7, so giebt der Quotient die gesuchte Anzahl der Liter.

Z. B. 442) Wie viele Liter etc. enthält ein oval-cylindrischer senkrechter Bottich, dessen innerer längster Durchmesser 2,6 m, dessen kürzester Durchmesser (oder Axe) 2 m, und dessen innere Höhe 1,5 m beträgt.

Antwort. $\frac{5500.1,5.2,6.2}{7} = \frac{42900}{7} = 6128,5$ Liter ca. oder 61 Fass 28,5 Liter, beinahe.

§ 89. Aufgabe 4) Den Liter-Inhalt eines jeden Fasses zu finden. Dies geschieht mittelst der Formel:

501) $k = 10.47 \times L (2 R^2 + r^2)$,

wo L die innere Länge, R die halbe Spundtiefe a m $= \frac{ad}{2}$ (Fig. 57), r den halben Bodendurchmesser c h $= \frac{cb}{2}$, und k die Anzahl der Liter bedeutet. Z. B.

443) Wie viele Liter enthält ein Fass, dessen innere Länge 1 m 2 dm und 5 cm beträgt, dessen Spundtiefe aber 1 m 8 cm, und bei welchem der Durchmesser jedes seiner beiden Fassböden 8 dm und 4 cm misst?

Antwort. 9 Fass 94 Liter und 126½ Deciliter.

— 162 —

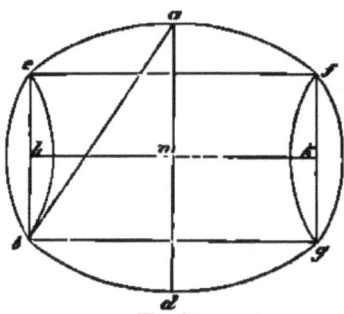

Fig. 57.

Berechnung. Hier ist L = 1,25 m; R = $\frac{1,08}{2}$ = 0,54 m, und r = $\frac{0,84}{2}$ = 0,42 m, daher k = 1047.1,25 [2.(0,54)² + 0,42²] = 1308,75.(2.0,2916 + 0,1764) = 1308,75.0,7596 = 994,1265 Liter.

Anmerkung. 1) Die Linie a b nennt man die „Gargel", u. zeigt an, wie der Visirstab eingesetzt werden muss.

Anmerkung. 2) Ist es ein ovales Fass, oder sind seine beiden Döden unegal oder unregelmässig, so verwandelt man sie, wie auch die Spundtiefe, zuvor nach Aufgabe 3, in Kreisflächen, und verfährt dann ganz so wie vorhin.

Beispiele. 444) Die Spundtiefe eines inwendig 75 cm langen Fasses ist 0,66 m, und der Radius jedes seiner beiden Döden ist 27 cm. Wie viele Liter fasst es?

445) Wie viele Hektoliter und Liter gehen in ein Fass von 2 m innerer Länge, 1,25 m Spundtiefe, und 1,03 m Boden-Durchmesser?

446) Wie viele Liter gehen in ein Fässchen von 37,5 cm innerer Länge, 11 cm Boden-Radius, und 26 cm Spundtiefe?

447) Das berühmte grosse Heidelberger Fass soll 12 m innerer Länge, 8 m Spundtiefe, und 6,66 m Boden-Durchmesser gehabt haben. Wie viele Kiloliter etc. enthielt dasselbe?

§ 90. Aufgabe 5) Eine wichtige und öfters vorkommende Aufgabe ist folgende:

Es soll ein Gefäss angefertigt werden, welches eine vorgeschriebene Form hat, von welchem also das Verhältniss der einzelnen Dimensionen (Ausdehnungen) zu einander gegeben ist, und welches einen bestimmten Cubikinhalt haben soll. Wie gross müssen daher die verschiedenen Dimensionen angenommen werden.

Auflösung. Man nehme einstweilen für die einzelnen

Dimensionen beliebige Zahlen an, welche jedoch in dem verlangten gegebenen Verhältnisse zu einander stehen müssen, berechne den Inhalt des durch sie bestimmten Gefässes, und setze dann die Proportion an:

„Der hier gefundene Inhalt verhält sich zum Inhalte, welchen das anzufertigende Gefäss haben soll, wie die 3ten Potenzen der gesuchten Dimensionen sieh zu einander verhalten.

Diese Regel stützt sich auf den bekannten Satz, dass ähnliche Körper sich zu einander verhalten, wie die 3ten Potenzen ihrer ähnlich liegenden Dimensionen sich zu einander verhalten."

Regel. Man muss daher mit dem einstweilen gefundenen Inhalte in den verlangten Inhalt, welchen das anzufertigende Gefäss haben soll, dividiren, und aus dem Quotienten die Cubikwurzel ziehen, so giebt dieselbe die Zahl an, mit welcher die beliebig angenommenen Dimensionen multiplicirt werden müssen, um die gesuchten Dimensionen zu erhalten. Z. B.

448) Es soll ein Farbekessel, der die Form eines parallel abgestumpften Kegels hat, von welchem der obere Durchmesser im Lichten, zum inneren Boden-Durchmesser sich wie 5:2 verhalte, und dessen innere Höhe (Tiefe) 2 Mal so gross ist, als sein Durchmesser oben im Lichten, angefertigt werden, der 600 Liter (à 1000 ☐ cm) enthalten soll. Wie gross müssen die einzelnen Dimensionen (hier also der obere u. untere Durchmesser im Lichten, sowie die innere Tiefe) dieses Gefässes genommen werden?

Berechnung. Nimmt man den oberen Durchmesser im Lichten einstweilen = 5 cm, so muss (laut Vorschrift) der Innere Boden-Durchmesser = 2 cm, und des Kessels innere Tiefe einstweilen = 5.2 = 10 cm sein. Von einem solchen abgekürzten Kegel aber ist der Inhalt laut Formel No. 449,

$k = 0{,}2616 \cdot h(D^2 + Dd + d^2) = 2{,}616(25 + 5.2 + 4)$
$= 2{,}616 \cdot 39 = 102{,}024$ ☐ cm $(= 0{,}000102024$ ☐ m$)$.

Der wirkliche Inhalt aber soll 600 Liter = 600000 ☐ cm betragen, und es ist daher: $\sqrt[3]{\dfrac{600000}{102{,}024}} = \sqrt[3]{5880{,}969183}$

= 18,05; folgl. muss von dem anzufertigenden Gefässe sein:
1) der obere Durchmesser: 5.18,05 = 90,25 cm,
2) der untere   do.   2.18,05 = 36,1 cm,
und 3) die innere Tiefe = 10.18,05 = 180,5 cm.

Probe. $k = 0,2616.180,5(90,25^2 + 90,25.36,1 + 36,1^2)$
$= 47,2188(8145,0625 + 3258,025 + 1303,21)$
$= 47,2188.12706,2975 = 599976,120393 \square$ cm
$= 599,976120393$ oder 600 Liter.

§ 91. Soll ein Gefäss von einer solchen Form angefertigt werden, dass es schwer sein würde, dessen kubischen Inhalt, selbst wenn die einzelnen Dimensionen des verlangten Gefässes gegeben wären, zu berechnen, so fertigt man sich ein Modell an, und ermittelt dessen kubischen Inhalt mittelst des Wassers oder äusserst feinen Sandes. Mit dem so gefundenen Resultate dividirt man in den Inhalt, welchen das völlig ähnliche Gefäss haben soll, und zieht aus dem Quotienten die Cubikwurzel, so giebt diese die Zahl an, mit welcher jede einzelne Dimension des anzufertigenden Modelles multiplicirt werden muss, um die gleichnamige Dimension des anzufertigenden Gefässes zu erhalten.

§ 92. Aufgabe 6) Es soll ein Liter-Gemäss angefertigt werden, dessen innere Höhe seinem inneren Grundflächen-Durchmesser gleich ist. Wie gross muss der innere Grundflächen-Durchmesser werden?

Antwort. Weil 1 Liter = 1 $\square$ dm = 1000 $\square$ cm,
so ist der entsprechende Durchmesser $= \sqrt[3]{\dfrac{1000}{0,7854}} =$
$\sqrt[3]{1273,240} = 10,8$ cm $= 1$ dm u. 8 mm.

§ 93. Aufgabe 7) Es soll ein cylinderförmiges Gefäss von 1 Liter Inhalt und von verlangter innerer Höhe angefertigt werden.

Verfahren. Der Inhalt eines solchen Gefässes ist $= r^2\pi h = 1000 \square$ cm. Soll nun z. B. das 1 Liter-Gemäss 15 cm innere Höhe erhalten, so braucht man nur dessen inneren Boden-Durchmesser $d = 2r$, aufzusuchen; dieser ist $=$
$2\sqrt{\dfrac{k}{\pi h}} = 2\sqrt{\dfrac{1000}{3,142.15}} = 2\sqrt{\dfrac{100}{4,713}} = 2\sqrt{21,22} = 2.4,6$
$= 9,2$ cm für den inneren Durchmesser.

§ 94.) Aufgabe 8) Wie gross muss der innere Durchmesser und die innere Höhe eines Neu-Scheffelmaasses (½ Hektoliters) von $50.1000 = 50000$ ☐ cm werden?

Antwort. Nach preussischer Verfügung soll ein cylinderförmiges Scheffelgemäss 22 preuss. Zoll oder 58,7 cm inneren Durchmesser haben, weil bei manchen Produkten gehäuftes Maass gegeben wird, und es dann nicht einerlei ist, welche Form ein solches Gefäss habe.

Die innere Höhe h dieses cylinderförmigen Scheffels ist nach Formel No. 403, $= \frac{k}{d^2 \cdot 0,785} = \frac{50000}{58,7^2 \cdot 0,785} = \frac{50000}{3445,69 \times 0,785} = \frac{5000000000}{180486665} = 27,7$ cm, d. s. 2 dm 7 cm u. 7 mm.

§ 95.) Aufgabe 9) Die innere Länge, die Spundtiefe und den inneren Boden-Durchmesser eines 2 Hektoliter-Fasses (à 100 Liter) zu berechnen.

Verfahren. Der Inhalt soll sein 200 Liter $\times$ 1000 oder 200000 ☐ cm. Nun sind 100 prss. Quart = 1 Tonne = $\frac{800}{7}$ Liter, und es muss ein preuss. Tonnenfass inwendig 47 cm zum Spunddurchmesser, 37,3 cm zum inneren Boden-Durchmesser, und 80½ cm zur inneren Länge haben.

„Weil sich nun nach § 90, die Inhalte ähnlicher Körper zu einander verhalten, wie die 3ten Potenzen ihrer ähnlich liegenden Seiten", so findet man aus dem Verhältnisse der Theile eines $\frac{800}{7}$ Liter haltenden Fasses alle drei Dimensionen der Fässer für jeden beliebigen Inhalt. Um nun die Höhe oder innere Länge $= L$, den Spund $= D$ u. den Bodendurchmesser $= d$ für das 2 Hektoliter-Fass zu finden, schliesst man wie folgt:

1) für D) $\frac{800}{7} : 200 = 47^3 : D^3$

also $D^3 \cdot \frac{800}{7} = 47^3 \cdot 200$

oder $D^3 = \frac{47^3 \cdot 200}{114,29} \left(= \frac{800}{7}\right)$

folgl. $D = \sqrt[3]{\frac{103823 \times 200}{114,29}}$

$= \sqrt[3]{\frac{20764600000}{11429}}$

$= \sqrt[3]{1816835,437}$

$= 56,6$ cm für D.

2) für L,) $114,29 : 200 = 80,5^3 : L^3$

also $L^3 \cdot 114,29 = 80,5^3 \cdot 200$

oder $L^3 = \frac{80,5^3 \times 200}{114,29}$

folg. $L = \sqrt[3]{\frac{80,5 \cdot 200}{114,29}}$

$= \sqrt[3]{\frac{10433202500}{11429}}$

$= \sqrt[3]{912870,986}$

$= 97,00$ cm für L.

2) für d) $114,29 : 200 = 37,3^3 : d^3$

also $114,29 \cdot d^3 = 37,3^3 \cdot 200$

oder $d^3 = \frac{37,3^3 \cdot 200}{114,29}$

folgl. $d = \sqrt[3]{\frac{51895,117 \cdot 200}{114,29}}$

$= \sqrt[3]{\frac{10379023340}{11429}}$

$= \sqrt[3]{90815,050}$

$= 44,9$ cm für d.

Auf ganz dieselbe Weise findet man aus diesen Resultaten die Dimensionen (also innere Länge, Spundtiefe und inneren Bodendurchmesser) eines 1 Hektoliter-Fasses etc.

§ 96.) Das specifische (oder eigenthümliche) Gewicht.

Unter dem specifischen oder eigenthümlichen Gewichte eines festen oder nicht festen, wie auch eines flüssigen Körpers, versteht man bekanntlich die Zahl, welche angiebt, wieviel 18 ☐ Centimeter (= 1 ☐ Zoll), oder auch weil 31 ☐ Decimeter (= 1 ☐ Fuss), eines festen, lockeren, oder flüssigen Körpers mehr oder weniger wiegt als ein gleiches Volumen (oder Rauminhalt) destillirten Wassers, woraus folgt: „dass, je grösser das eigenthümliche Gewicht „irgend eines Körpers ist, desto kleiner ist bei gleicher „Schwere sein Volumen."

Kennt man nun das specifische Gewicht irgend eines Körpers, einer Masse, oder einer Flüssigkeit, und auch das specifische Gewicht von 18 ▭ cm (= 1 ▭"), oder 31 ▭ dm (= 1 ▭ ') destillirten Wassers, so findet man aus dem kubischen Inhalte eines solchen Körpers dessen Schwere am sichersten mittelst eines Kettensatzes. Hierbei ist noch zu bemerken, dass 31 ▭ dm (= 1 Cubikfuss) destillirten Wassers 61,74 Zollpfd., 18 ▭ cm (= 1 Cubikzoll) destillirten Wassers 17,68 Grs. (Grammes), u. 1 Zolllolh = 17,68 Grs. wiegt.

§ 97.) Tabelle der specifischen Gewichte der vorzüglichsten Körper.

I. Metalle.

Blei, gegossen	11,4	Platina, geschmiedet	21,25
Eisen, do.	7,21	do., gemünzt	21,1
do., geschmiedet	7,64	Quecksilber	13,6
Gold, geschmolzen	19,26	Silber, gegossen	10,5
do., gehämmert	19,54	do., gehämmert	10,62
Glockenmetall (aus 78 Theilen Kupfer und 22 Theilen Zinn)	8,82	Stahl, weicher	7,83
		do., im Wasser gehärt	7,18
Kanonengut	8,79	Gussstahl	7,92
Kupfer, gegossen	8,76	Zink, gegossen	7,02
do., gehämmert	8,88	do., gewalzt	7,04
Messing, gegossen, (im Mittel)	8,46	Zinn, englisches, gegossen	7,3
Messingdraht	8,54	do., englisches und gehämmert	7,48
Nickel	8,28		

II. Steine und Erdarten.

Alabaster, körniger aus Valencia	2,63	do., körniger aus Malaga	2,87

Asphalt	1,66	Kreide	1,49
Basalt, prismatischer	2,75	Lehm, frischer	1,66
Basaltlava von Niedermendig	2,73	Marmor, i. Mittel	1,12
		do., cararischer	2,72
Bausteine (Ziegel)	2,52	Mauer, mit Kalkmörtel	
Bimstein	0,92	von Ziegelsteinen u. frisch	1,63
Bruchstein	2,46		
do., weicher	1,98	do., von Ziegelsteinen u. trocken	1,53
Feldspath	2,28		
Gips, roher	2,2	do., von Bruchsteinen u. frisch	2,46
do., gebrannt	1,8		
Gips, gegossen u. ausgetrocknet	0,97	do., von Bruchsteinen u. trocken	2,4
Glas, für Fenster	2,14	Quarz	2,65
do., von Flaschen	2,76	Sand, trockener	1,64
do., Crystall	2,89	Sandstein, i. Mittel	2,71
Granit, Mittel aus 14 Arten	2,7	Schiefer	2,76
		Trachyt, i. Mittel	2,92
Kalkstein, im Mittel	2,72	Tuffsteine, i. Mittel	1,82
Kalkmörtel, frisch	1,79	Ziegelstein	1,53
do., trocken	1,64		

III. Holzarten.

Ahorn, v. Stamme u. lufttrocken	0,75	Eichenholz, v. Stamme frisch	0,84
Apfelbaum	0,79	Erlenholz	0,68
Birnbaum	0,66	Eschenholz, v. Stamme	0,85
Buche, Roth-	0,85	Fichtenholz, frisch	0,55
Buxbaum, französ.	0,91	do., trocken	0,43
do., holländ.	1,04	Kiefer, v. Stamme und frisch	0,72
Cederholz, amerik.	0,56		
Ebenholz, do.	1,33	do., v. Kerne und trocken	0,62
do., indisches	1,21		
Eichenholz, v. Kerne u. nass	1,17	Kirschbaumholz, trocken	0,72
		Korkholz	0,24
do., v. Stamme u. trocken	0,72	Lärchenholz	0,62
		Lindenholz, trocken	0,60
do., v. Splint u. trocken	0,61	Mahagonyholz	1,06
		Nussbaumholz, trocken	0,70

Pappelholz	0,39	Steineiche, trocken	0,72
Pockholz	1,26	Weidenholz	0,58
Rothtanne, trocken	0,47	Weisstanne	0,55

IV. Flüssigkeiten etc.

Leinöl	0,94	Salzsäure	1,20
Meerwasser	1,03	Schwefelsäure concentr.	1,84
Milch	1,03	Wasser, destillirtes	1,00
Rüböl	0,92	Weingeist	0,84
Salpetersäure, gew.	1,27	Honig	1,45

Beispiele. 449) Wie schwer ist ein Würfel von trockenem Eichenholze, dessen jede Seite 16,5 cm misst?

Antwort. $\frac{16{,}5^3}{1000} \times 61{,}74 \cdot 0{,}72 = \frac{4492{,}125 \cdot 44{,}4528}{1000 \cdot 31}$

$= \frac{199{,}687542}{31}$ Pfd. $= 6{,}441$ Pfd. Zollgewicht, denn:

Ansatz. x Pfd. Zollgew. $= 16{,}5^3$ ⬜ cm Eichenholz
$1000 = 1$ ⬜ dm „
$31 = 1$ ⬜ Fuss „
$1 = 0{,}72$ ⬜ Fuss Wasser
$1 = 61{,}74$ Zoll-Pfd.

woraus man vorige $\frac{16{,}3 \cdot 61{,}74 \cdot 0{,}72}{1000 \cdot 31} = \frac{199{,}6875342000}{31.}$ Pfd.

$= 6{,}441$ Pfd. Zollgewicht findet.

450) Was wiegen a) 284 ⬜ dm Gusseisen, und b) was 180 ⬜ cm Gussstahl?

451) Welchen Raum nehmen 500 Zoll-Pfd. destillirten Wassers ein?

452) Wie viele Zoll-Pfd. Wasser (destill.) fasst ein Cylinder von 33 cm Höhe, und 33 cm Durchmesser?

453) Ein Glasgefäss wiegt leer 20 Loth (= 200 Grs.), mit Wasser angefüllt aber 3 Zoll-Pfd. Wie gross ist der Cubikinhalt dieses Gefässes?

454 — 356) Wieviel wiegen a) 31 ⬜ dm (= 1 ⬜ ') Gusseisen; b) 31 ⬜ dm Sandstein, und c) 31 ⬜ dm Nussbaumholz?

456 — 462) Wieviel wiegt a) 1 cub. cm Blei; b) 1 cub. cm geschmolzenes Gold; c) 1 cub. cm gehämmertes Sil-

— 170 —

ber; d) 1 cub. cm geschmiedetes Platina; e) 1 cub. cm gegossen Zink, und f) 1 cub. cm geschmolzenes engl. Zinn?

463) Wie schwer ist ein Steinblock von Marmor, welcher 2,66 m lang, 1,25 m breit und 75 cm hoch ist?

464) Wieviel wiegt das Wasser, welches einen Behälter von 3,33 m Länge, 1,16 m Breite, und 1,75 m Höhe füllt?

465) Wie schwer ist eine steinerne Fensterbrüstung von 1,48 m Länge, 1,08 m Breite u. 16 cm Stärke, wenn das specifische Gewicht des Steines 2,23 ist?

466) Wieviel wiegt ein prismatisch behauener frischer Eichenstamm von 3,11 m Länge, und an jeder Seite des rechteckigen Querschnittes 18,5 cm?

467) Wieviel wiegt eine quadratisch geschmiedete Eisenstange von 1,69 m Länge und 4,8 cm Stärke (Dicke)?

468) Eine Flasche fasst an Wasser 5 Loth (Dekagrammes), an Weingeist aber nur 4,185 Loth. Wie gross ist hiernach das specifische Gewicht des Weingeistes?

469) Wie schwer sind 80 Liter Leinöl?

470) Welchen Raum füllen 60 Pfd. Leinöl aus?

471) Wieviel wiegt eine viereckig geschmiedete Eisenstange von 7 □ cm Querschnitt, und 1,66 m Länge?

Anmerkung 1) Um das Gewicht einer jeden viereckigen geschmiedeten Eisenstange in Zollpfunden zu ermitteln, multiplicire man den Querschnitt in Quadratzollen ausgedrückt, mit sich selbst und dann noch mit der 3,131-fachen Länge der Stange in Fussen; z. B.

472) Wieviel wiegt eine quadratisch geschmiedete Eisenstange von $3\frac{1}{2}$ ' Länge, u. $1\frac{1}{3}$ □ " im Querschnitte?

473) Wieviel wiegt die Eisenstange in voriger No. 471?

Anmerkung 2) Um das Gewicht einer kreisrund geschmiedeten Eisenstange zu finden, multiplicirt man das Quadrat des Durchmessers in Zollen noch mit der, 2,458-fachen Fusslänge der Stange. Z. B.

474) Wie schwer ist eine kreisrunde Stange von Schmiedeeisen, die 1' lang ist, u. 1" im Durchmesser hat?

475) Ein Messingdraht hat 1'" im Durchmesser; wie schwer sind hiernach 1000' von diesem Drahte?

476) Was wiegt ein pyramidenförmig behauener harter Bruchstein von 2 m Höhe, wenn seine Grundebene ein

Dreieck ist, dessen Basis 1,16 m u. seine (des △s) Höhe 25 cm beträgt?

477) Wieviel wiegt ein hohler gusseiserner Dampf-Cylinder von 3 dm Durchmesser im Lichten, 2,5 cm Wandstärke, und 2,66 m Höhe?

478) Was wiegt eine gegossene Bleiröhre von 6,5 mm Wandstärke, 4,2 cm innerem Durchmesser, u. 1 m Länge?

479) Wieviel Blei hat man nöthig, um 500 Bleikugeln von 1,3 cm Durchmesser giessen zu können?

480) Wie schwer ist eine eiserne Hohlkugel von 17,9 cm äusserem und 15,5 cm innerem Durchmesser?

481) Wieviel wiegt 0,1 ☐ m Zinkblech von 8 cm Dicke?

482) Wieviel wiegt eine quadratisch geschmiedete Eisenstange von 7 ☐ cm Querschnitt u. 2 m Länge?

483) Wie schwer ist eine Kugel von Nussbaumholz von 18,2 cm Durchmesser?

484) Welchen kubischen Inhalt hat ein Stück Gnsseisen von 30 Ctr. (Zollgew.)?

485) Wieviele Liter sind in 1 Ctr. Wasser enthalten?

§ 98.) Uebungs- u. Examinations-Aufgaben.

486) Die Hypothenuse eines rechtwinkligen Dreiecks ist 13 cm, die eine anliegende Cathete aber 8,5 cm; wie gross ist die andere Cathete?

487) Wie gross ist die Fläche eines regulairen Sechsecks von 3 m Seitenlänge?

488) Die Kante eines Würfels ist 69,3 cm; wie gross ist sein kubischer Inhalt?

489) Wieviel wiegt ein 1,66 m langes, 1,33 m breites und 0,7 cm dickes Stück Kupferblech, wenn 0,1 ☐ m desselben 12,28 Pfund Zollgewicht beträgt?

490) Ein würfelförmiger Brunnenkasten fasst 15 Kiloliter 7 Hektoliter und 20 Liter; wie lang ist jede Kante dieses Kastens?

491) Wieviele Hektoliter (Fass) würden in diesen Brunnenkasten gehen, wenn jede Kante desselben 1 m kürzer wäre?

492) Die drei Seiten eines Dreieckes sind 68,2 m; 29 m und 84 dm lang. Wie gross ist die Summe der drei

Quadrate, welche man über jeder dieser drei Seiten construiren kann?

493 — 500) Wie gross ist die Seite eines Quadrates von a) 1 Ar; b) $\frac{1}{4}$ ☐ m; c) $\frac{4}{25}$ ☐ dm; d) 6¼ Ar; e) 2⅓ ☐ cm: f) 1 Hektar 25 Ar und 64 ☐ m; g) 1$\frac{32}{49}$ ☐ mm, und h) $\frac{9}{16}$ Neumeilen?

501) Die Flächeninhalte zweier Quadrate sind: 6 Ar u. 21 Ar 93 ☐ m; um wievicle Meter sind ihre Seiten verschieden?

502) Eine 16 m lange u. 11,4 m breite Hausflur soll mit quadratförmigen Tafeln belegt werden, deren jede 75 cm lang u. breit ist. Wieviele solcher Platten bedarf man, u. wie hoch kommen dieselben, wenn eine jede 17 Sgr. 6 Pfg. kostet?

503—4) Wie gross ist a) die Fläche eines Quadrates dessen Seite 4,03 m, u. b) wie gross wird die Seite eines Quadrates sein, dessen Fläche 7 Ar 22 ☐ m u. 69 ☐ cm ist?

505—6) Die Seite eines Quadrates ist 2,74 m; wie gross muss a) die Seite eines Quadrates werden, dessen Umfang 3½ mal so gross, u. b) wie gross muss die Seite des 3½ mal kleineren Umfanges eines Quadrates, wie des gegebenen werden?

507—8) Die Seite eines Quadrates sei 2,75 m; die eines anderen Quadrates aber 1,69 m. Wie gross muss die Seite eines Quadrates genommen werden, welches a) der Summe, u. b) dem Unterschiede jener Quadrate gleich sein soll?

509) Jede Seite eines quadratförmigen Tisches messe 1 m 2 dm 3 cm u. 4 mm. Wie lang müsste jede Seite eines anderen quadratförmigen Tisches von 3 mal soviel Fläche sein?

510) Was kostet ein oblonger Bauplatz von 4 m 5 dm 6 cm Länge, u. 3,6 m 1 dm u. 4 cm Breite, wenn der ☐ m 17 Sgr. 6 Pfg. kostet?

511) Wie gross ist die Seite eines Quadrates, welches dieselbe Fläche hat als ein Oblongum von 7 cm Höhe u. 2,3 cm Basis?

512) Wie gross ist der Inhalt eines Oblongums, dessen Basis 9,04 m, u. dessen Höhe 2,34 m beträgt?

513) Wenn der Inhalt eines oblongen Feldes 3 Ar 24 ☐ m, u. seine Basis 27,05 m ist; wie gross ist seine Höhe?

514) Wieviel beträgt die innere Höhe eines cylinderförmigen Liters, wenn sein Durchmesser 1 dm ist?

515) Wenn 1 Liter-Gemäss mit quadratischem Boden von 8 cm Breite gefertigt werden sollte; wie hoch müsste es inwendig werden?

516) Der unterste Umfang eines kegelförmigen Denkmals beträgt 3,33 m, u. seine Höhe 1,66 m. Wieviel beträgt sein Volumen?

517) Der Durchmesser eines ringflächenförmigen Eisenbleches ist 15 cm, u. der Durchmesser der Lichtung 12 cm; wieviel wiegt dasselbe, wenn 0,1 ☐ m dieses Bleches 12 Pfund wiegt?

518) Auf einem 6 m langen Balken ist ein anderer von 4,33 m Länge senkrecht aufgerichtet. Wie lang muss ein 3ter Balken sein, welcher jene 2 Balken an ihren Enden verbinden soll?

519) Zur Verzierung des Steinpflasters vor einem Hause soll ein reguläres Sechseck von 1 m Seitenlänge mit kleinen gleichdreiseitigen weissen u. blauen Steinplatten von 8 cm Seitenlänge belegt werden. Wieviele solcher Platten bedarf man?

520) Die beiden parallelen Seiten einer trapezförmigen Wiese sind 3 Ketten 4,62 m, u. 2 Ketten 3,04 m; ihr Abstand von einander beträgt 9,03 m. Welchen Flächeninhalt hat diese Wiese?

521) Wie lang ist ein Kreisbogen von 105° (Grad), wenn sein Kreisdurchmesser 15,9 cm beträgt?

522) Der Durchmesser eines Kreises ist 7,66 m; wie gross ist sein Umfang?

523) Wieviele Steine bedarf man zu einer 9,33 m langen, 4,32 m hohen, u. 0,145 m dicken Mauer?

524) Wollte man diese Steine würfelförmig aufschichten, wie lang müsste jede Grundseite sein?

525) Wieviel beträgt der quadratische Ausschnitt einer Walze von 6 m Länge, u. 3 m Umfang?

526) Wie lang ist die Seite eines regulairen Fünfecks von 1,33 m Radius des umschriebenen Kreises?

527) Wie gross ist die Fläche dieses Fünfecks?

528) Wie gross würde der Umfang eines Kreises sein, welcher an Fläche jenem Fünfecke gleich wäre?

529) Wie lang ist die Sehne des 12 cm hohen Abstandes eines Kreises von 0,19 m Durchmesser?

530) Die Diagonale eines Trapezoides ist 1,33 m, u. die beiden Höhen der durch die Diagonale entstandenen Dreiecke sind 13 cm u. 0,84 m. Wie gross ist die Fläche dieses Trapezoides?

531) Wie gross würde der Radius des um ein regulaires 10-Eck von derselben Grösse wie voriges Trapezoides, umschriebenen Kreises sein?

532) Welche Oberfläche hat eine Kugel von 8 m Umfang?

533) Welchen Werth hat ein massiver Messingcylinder von 12 cm Durchmesser u. 0,23 m Länge, wenn 18 ☐ cm (= 1 ☐") Messing 10 Loth wiegt, u. das Pfund dieses Messings 12½ Sgr. kostet?

534) Wieviele, 1,6 cm von einander abstehender Messingstifte stecken im Rande einer mit Wachstuch überzogenen kreisrunden Tischplatte von 1,33 m Durchmesser?

535) Ein gusseiserner massiver Aufsatz hat folgende Gestalt: Ein Cylinder von 1,33 m Höhe u. 11 cm Durchmesser steht auf einem Würfel von 25 cm Seitenkante, u. oben auf dem Cylinder liegt eine Kugel von 0,66 m Umfang. Was wiegt das Eisen zu diesem Denkmale, wenn $\frac{1}{32}$ ☐ m Eisen zu 480 Pfd. gerechnet wird?

536) Wie gross ist die Fläche eines Kreises von 1,095 m Umfang?

537) Einer 3-gleichseitigen, parallel abgestumpften Pyramide unterste Grundflächenkante ist 0,11 m, die oberste 7 cm, u. die Höhe dieser abgekürzten Pyramide ist 6,66 m. Welchen Cubikinhalt hat sie?

538) Die Grundlinie eines Dreiecks ist 4,33 m, u. seine

Höhe 2,64 m. Wie gross ist der Umfang eines diesem Dreiecke gleichen Kreises?

539) Die Grundflächenkante eines regulairen sechsseitigen Prisma's ist 42 cm, seine Höhe 3,34 m; welchen Inhalt hat dieses Prisma?

540) Wie oft dreht sich ein Rad von 2,2 m Durchmesser auf einem ebenen Wege von 10 Neumeilen (à 7500 m) um seine Axe?

541) Wie gross müsste der Durchmesser eines Rades sein, wenn es 745 Umläufe weniger machen sollte?

552) Wieviele Liter Wasser gehen in einen 0,66 m tiefen runden Kübel, wenn dessen oberer Durchmesser im Lichten 54 cm, der untere im Lichten aber nur 42 cm beträgt?

543—44) Ein Zimmer soll tapezirt werden. Dasselbe ist 10,66 m lang, 9,33 m breit u. 6,66 m hoch. In demselben befinden sich 3 Fenster von 2 m Höhe u. 1,33 m Breite; ferner 2 Thüren von 2,66 m Höhe u. 1,63 m Breite, u. ein Ofen, dessen Hinterwand 3 m hoch u. 2 m breit ist, untapezirt bleiben soll. Wieviel a) an Tapete bedarf man, wenn das Stück von 4 m Länge u. 72 cm breit ist, u. b) was kostet sie, wenn jedes Stück 20 Sgr. zu stehen kömmt?

545) Ein Stück Feld von 93,62 m Länge u. 34,04 m Breite ist für 425½ Fl. rheinl. gekauft worden. Wie theuer ist hierbei 1 ⧈ Kette (Ar) gerechnet worden?

546) Ein Küfer soll einen 2,66 m tiefen cylinderförmigen Bottich anfertigen, in welchem 350 Hektoliter gehen sollen. Welchen Durchmesser im Lichten muss dieser Bottich erhalten?

547) Wieviele Kugeln enthält ein 4-seitig pyramidal aufgeschichteter Kugelhaufen, bei welchem jede Grundzeile 27, u. jede Eckkante 18 Kugeln hat?

548) Ein Haufen Steine bildet eine parallel abgekürzte Pyramide; die unterste Grundfläche derselben ist 4 m lang u. 2,66 m breit; die ihre gegenüberliegende oberste ist 3 m lang u. 2 m breit. Wenn nun diese Stein-Pyramide 2,75 m hoch ist, so fragt sich's: wie lang wird eine Mauer von 2,64 m Höhe, u. 0,19 m Stärke von diesen Steinen aufgesetzt werden können?

549) Wie lang ist die Diagonale eines Quadrates von 4,03 m Seitenlänge?

550) Wie gross ist die Fläche eines Kreises von 32 cm Radius?

551) Welchen Umfang hat ein Kreis von 84 ☐ dm Fläche?

552) Wie gross ist der Durchmesser einer Kugel von 26 ☐ dm?

553) Was wiegt eine Bleikugel von 0,069 mm Durchmesser, wenn 18 ☐ cm (= 1 ☐") Blei, 13 Neuloth wiegen?

554) Der untere Durchmesser eines 47 cm hohen parallel abgekürzten Kegels ist 0,24 m, der oberste Durchmesser aber 0,2 m; wie gross ist sein Volumen?

555) Wie gross ist das Volumen der Körpermasse einer 12 m langen Röhre von 0,04 m Körperdicke u. 16 cm Durchmesser im Lichten?

556) Welchen Inhalt hat eine 13,42 m hohe reguläre 10-seitige Pyramide von 8 m Radius des um seine Grundfläche beschriebenen Kreises?

557) Wie lang ist die Kante eines Würfels von 192 ☐ dm?

558) Wie gross würde der Umfang eines 22 cm langen Cylinders sein, welcher mit vorigem Würfel gleiches Volumen hat?

559) Wie gross ist die Seite eines Quadrates von 0,0698 ☐ m?

560) Wieviele Stück Backsteine von 16,5 cm lang, 6 cm stark, und 0,14 m Breite bedarf man zum Belegen eines regulair 8-seitigen Fussbodens von 4 m Radius des umschriebenen Kreises?

561) Wie hoch würden, prismatisch aufgeschichtet, diese Backsteine liegen, wenn man die eine Seite der Grundfläche = 0,66 m, die andere aber 1,33 m lang anlegte?

562) Wie gross ist der Durchmesser eines Kreises, in welchem eine 2 m lange Sehne einem Pfeile (d. i. die Normale von der Mitte der Sehne bis zum Bogen) von 0,66 m entspricht?

563) Welche Fläche hat ein Kreissektor von 45° u. 0,62 m Radius?

564) Wie gross ist der Radius desjenigen Kreises, welcher vorigem Kreissektor an Fläche gleich ist?

565) Wie gross ist der unterste Umring eines 6,66 m hohen Kegels von 125 ☐ m?

566) Wenn man den Erddurchmesser zu 1727,5 Neumeilen annimmt; wie gross würde jede Kante des Würfels sein, welcher mit dem Erdballe gleiches Volumen hätte?

567) Wie baut man ein Haus von 976000 ☐ dm Inhalt in Bezug auf seine Länge, Breite u. Höhe bis unter das Dach mit dem wenigsten Materiale, also auch mit den wenigsten Kosten?

568) Wieviele Neumeilen à 7500 m, läuft ein Rad von 1,66 m Durchmesser mit 20000maligem Umdrehen auf ebenem Boden fort?

569) Wie verhalten sich die Umlaufsgeschwindigkeiten an der Peripherie zweier, an einer u. derselben Axe befestigten Räder zu einander, von denen das eine 75 cm, das andere aber nur 5 cm Durchmesser hat?

570) Wenn eine Kugel von 1,5 cm Durchmesser 2 Neuloth wiegt, wieviel muss hiernach eine Kugel derselben Masse von 16,5 cm Durchmesser wiegen?

571) Ein Geschütz von 14 cm Caliberweite (oder Mündungs-Durchmesser) schiesst eine 7pfündige Kugel. Eine wie schwere Kugel würde hiernach ein Geschütz von 0,28 m Caliberweite treiben?

572) Das eine von 2 verschiedenen Geschützen treibt eine 7pfündige, das andere aber eine 50pfündige Kugel, u. es ist die Caliberweite des ersteren Geschützes = 0,14 m; wie gross muss hiernach die Caliberweite des anderen Geschützes sein?

VI) Trigonometrische Formeln zur Berechnung der geradlinigen Dreiecke.

Lauf. №	wenn gegeben ist:	und gesucht wird?	so ist für das rechtwinklige $\triangle$ abc die entsprechende Formel:
502	a b u. bc	∠c	$cb : r = ba : tang.\ c,\ also\ tang.\ c = \dfrac{r \cdot ba}{bc}$
503		∠a	$ab : r = bc : tang.\ a,\ also\ tang.\ a = \dfrac{r \cdot bc}{ab}$
504		ac	$sin.\ a : r = cb : ac,\ also\ ac = \dfrac{r \cdot cb}{sin.\ a}$
505	ac u. ab	∠c	$ca : ab = r : sin.\ c,\ also\ sin.\ c = \dfrac{r \cdot ab}{ca}$
506		∠a	$90° - ∠c.$
507		bc	$r : tang.\ a = ab : bc,\ also\ bc = \dfrac{ab \cdot tang.\ a}{r}$
508	b, ∠aa	∠c	$90° - ∠a$
509		bc	$r : tang.\ a = ab : bc,\ also\ bc = \dfrac{ab \cdot tang.\ a}{r}$
510		ac	$cosin.\ a : r = ab : ac,\ also\ ac = \dfrac{ab \cdot r}{cosin.\ a}$

Lauf. №	wenn gegeben ist:	und gesucht wird:	
511	ac, $\angle a$	$\angle c$	$90° - \angle a$ (im $\triangle$ abc ist $\angle b = R$,
512	($\angle b$)	$\angle a$	$90° - \angle c$) u. r = sin. tot = Radius.
513		bc	r : sin. a = ac : bc, also bc = $\dfrac{ac \cdot \sin. a}{r}$
514		ab	r : sin. c = ac : ab, also ab = $\dfrac{ac \cdot \sin. c}{r}$
Lauf. №	wenn gegeben ist:	und gesucht wird:	so ist für das spitzwinklige $\triangle$ abc die entsprechende Formel:
515	a b, $\angle a$ u. $\angle b$	c	$180° - (\angle a + \angle b)$
516		bc	sin. c : sin. a = ab : bc, also bc = $\dfrac{ab \cdot \sin. a}{\sin. c}$
517		ac	sin. c : sin. b = ab : ac, also ac = $\dfrac{ab \cdot \sin. b}{\sin. c}$
518		f (Fläche)	$= \dfrac{\frac{1}{2} \, ab^2 \cdot \sin. a}{r \cdot \sin. (a+b)}$
519	ac, bc u. $\angle a$	b	bc : ac = sin. a : sin. b, also sin. b = $\dfrac{ac \cdot \sin. a}{bc}$
520		c	$180° - (\angle a + \angle b)$

Lauf. №	wenn gegeben ist:	und gesucht wird:	
	Lauf. №	**wenn gegeben ist:**	**und gesucht wird:**	
521	ac, bc u. ∠a	ab	so ist für das spitzwinklige △ abc die entsprechende Formel: sin. b : sin. c = ac : ab, also $ab = \dfrac{ac \cdot \sin. c}{\sin. b}$
522		f	$= \dfrac{1}{2} ac \cdot bc \cdot \sin. (b+a)$
	Lauf. №	**wenn gegeben ist:**	**und gesucht wird:**	so ist für das stumpfwinklige △ abc die entsprechende Formel:
523	ab, bc u. ∠c	∠b	$180° - \angle c = \angle b + \angle a$ $(ac+bc):(ac-bc) = \text{tang.} \tfrac{1}{2}(\angle b + \angle a) : \text{tang. a, u. } \tfrac{1}{2}(\angle b + \angle a) + d = b$
524	wenn ac > bc	∠a	$\tfrac{1}{2}(\angle b + \angle a) - d = A$
525		ab	sin. a : sin. c = bc : ab, also $ab = \dfrac{bc \cdot \sin. c}{\sin. a}$

526	ac, ab u. bc,	f	$= \frac{\frac{1}{2} ac \cdot bc \cdot \sin c}{r}$
527	wenn ao $>$ bc	∠b	a h : (bc + ac) = (ac — bc) : x. bc: $\frac{ab}{2}$ — $\frac{1}{2}$ x = r : cosin. b, also cosin. b = $\frac{r \cdot (\frac{1}{2} ab - \frac{1}{2} x)}{bc}$
528		∠a	ac: $\frac{1}{2}$ ab + $\frac{1}{2}$ x = r : cosin. b, also cosin. a = $\frac{r \cdot (\frac{1}{2} ab + \frac{1}{2} x)}{ac}$
529		∠c	180° — (∠b + ∠a)
		f	$= \sqrt{[S \cdot (S-ab)(S-ac)(S-bc)]}$ wo S die Summe aller 3 Seiten jedes Dreiecks bedeutet.

Antwortheft

zu

H. von Cotta's Handbuch etc.

Vorbemerkung. Alle in diesem Antworthefte fehlenden Beispiele findet man im Buche unter derselben Nummer ausgerechnet.

Abkürzungen. m bed. Meter; dm bed. Decimeter; cm bed. Centimeter; mm bed. Millimeter; □ bed. Quadrat; ⌷ bed. Cubik; grm. bed. Gramme; cgr. bed. Centigramme, u. s. f., Kilogr. bed. Kilogramm; Hgr. bed. Hektogramme, u. s. w.

2) 4 m und 36 cm.
3) 416 m (Meter) u. 27 cm.
5) Man bedarf 134 1/4 ea. Bretter, welche 30 Thlr. 5 Sgr. 2 Pf. kosten.
6) 1 m u. 34 cm.
7) 272 m u. 41 cm.
8) 20 Ar. 94 □ m 82 □ dm 46 □ cm.
9) 5 □ m 92 □ dm u. 51 □ cm.
10) 82 □ m 44 □ dm 64 □ cm.
11) Man bedarf 56 1/9 Bretter ca., welche kosten 8 Thlr. 12 1/2 Ngr.
12) 5 m 2 dm 1 cm 1 mm.
13) 37 m 7 cm u. 3 mm.
14) Man bedarf 553 Stück, welche 10 Thlr. 22 Sgr. 7 Pf. kosten.
15) Man bedarf 12 1/20 Bretter.
16) 19 Ar 6 □ m 72 □ dm u. 32 □ cm.
17) 8 dm 8 cm u. 9 mm ca.
18) 19 m 8 dm u. 3 mm ca.
19) Man bedarf an Tapeten 16 Stück, welche 6 Thlr. 10 Sgr. 1 Pf. (= 6/25) kosten.
21) 16 m u. 1 mm, beinahe.
22) 2 Ar 30 □ m 7 □ dm 27 cm.
23) 1 Ar 40 □ m 31 □ dm 36 □ cm.
24) 54 Ketten 5 m u. 5 dm.
25) 43 Ketten 6 m 5 dm 2 mm.

26) 30 Ketten 4 m 8 dm 2 cm u. 4 mm.
27) Man bedarf 31 Bretter und es kostet der ganze Bretterverschlag 17 Thlr. 21 Sgr. 6 Pf.

29) 58½ ☐ cm.
30) 1 m 1 dm 1 cm und 4 mm ca.
31) 37½ cm.
32) 1 m 19,2 cm.
33) 7 Kilom 21 Ketten 6 m 78½ cm.
34) 17 m u. 9,2 cm.
35) 10 Ketten 2 m (beinahe).

37) 2 m 40 cm u. 3 mm ca.
38) 11 ☐ m 84 ☐ dm 38 ☐ cm 0,57 ☐ mm.
39) 45 ☐ dm 93 ☐ cm 69,7 ☐ mm.
40) 5 m 68,8 cm beinahe.
41) 10,825 ☐ Neumeilen.
42) 2 m 9,304 cm.
43) 1 m 52 cm.

45) 11,1 Bretter.
46) 3 ☐ m 11 ☐ dm und 15 ☐ cm.
47) 4 ☐ m 97 ☐ dm u. 94 ☐ cm.
48) 135 Platten (beinahe).
49) 37 Bretter.

51) 1 Hektar 26 Ar 10 ☐ m u. 31 ☐ dm.
52) 78 Ar 98 ☐ m und 40 ☐ dm.

57) 2 Ar 19 ☐ m und 18 ☐ dm.
58) 5 Ar 14 ☐ m.
59) 1 Ar 3 ☐ m 33 ☐ dm 28 ☐ cm.
60) 1 ☐ m 83 ☐ dm 32 ☐ cm u. 5,248 ☐ mm.
61) 8 dm 2 cm und 1 mm beinahe.
62) 1 m 2 cm 9,864 mm.
63) 30 ☐ dm 3 ☐ cm 38,048 ☐ mm.
64) 5 dm 3 cm 3,644 m.
65) 133,7 oder 134 Stück.
66) 17 ☐ m 97 ☐ dm 6 ☐ cm 59,552 ☐ mm.
67) 395 Stifte.
72) 21 cm 4,1 mm ca.
73) 46 cm 3,5 mm ca.
74) 7 m 15 cm 4,6 mm ca.
75) 10 m 43 cm 6,4 mm ca.
76) 1432,12 Mal.
77) 19 cm 6,21 mm ca.
78) 15 m 21 cm 5,5 mm.
79) 466 Stück.
80) 1 m 14 cm 5,9 mm ca.
81) $d = 19$ cm 6¾ mm.
82) 75 m 43 cm 6 mm.
83) 72 cm 5,775 mm.
84) wie 1 : 3.
85) 56,1 oder 56 Rosetten.

87) 189 Grad 21 Minuten 40 Secunden ca.
88) 3 m 48 cm 5,4 mm.
89) 94 cm 6,488 mm.
90) 54 cm 1 mm.
91) 15 Neumeilen 6,42 m 17½ cm.

92) 3 ☐ m 52 ☐ dm 86 ☐ cm u. 65,861 ☐ mm.
93) 71 Grad 48 Minuten 5,44 Secunde.

95) 1 m 77 cm 2,9 mm. ca.
96) 2 m 79 cm 1,5 mm.
97) 5 m 15 cm 3,6 mm.
98) 3 m 71 cm 1 mm.
99) 5 m 34 dm 8 mm.

101) 22 Ar 42 ☐ m 66 ☐ dm 84 ☐ cm u. 62½ ☐ mm.
102) 2 ☐ m 17 ☐ dm 71 ☐ cm.
103) 1 m 13 cm 1 mm.
104) 417 Metallstifte.
105) 90 ☐ dm 74 ☐ cm und 60 ☐ mm.
106) 60 ☐ dm u. 17 ☐ cm.
107) 1 m 41 cm.
108) 7 Ketten 6 m 19 cm 3,5 mm.
109) 62 ☐ dm 73 ☐ cm 76 ☐ mm.
110) 16 Ar 49 ☐ m 90 ☐ dm 45 ☐ cm.
111) 19 Ar 62½ ☐ m.
112) 1 m 59 cm 6 мm.
113) 3 m 58 cm.
114) 31 ☐ dm 40 ☐ cm.
115) 6 Pfd. 19 Neuloth 8,5 Grs.
116) 5 m 64 cm.
117) 11 m 29 cm.
118) 17 ☐ m 20 ☐ dm 43 ☐ cm u. 35,2 ☐ mm.
119) 3 ☐ m 17 ☐ dm und 1 ☐ mm.
120) 14 ☐ m 60 ☐ dm 50,5 ☐ cm.

121) 2322344 deutsche ☐ Meil.
122) ad a., 4 ☐ m 95 ☐ dm 53 ☐ cm und 12,5 ☐ mm. ad b) 7 m 89 cm.
123) 4686 m.
124) 1 Ar 3 ☐ m 85 ☐ dm u. 80 ☐ cm.
125) 18 ☐ dm 85 ☐ cm. 38½ ☐ mm.
126) 16 ☐ m 92 ☐ dm (= 17 ☐ m ca.).
127) 35 m 61 cm 2 mm ca.

129) 31 ☐ dm u. 12 ☐ cm ca.
130) 3 m 29 cm.
131) 2 m u. 71 cm.
132) 35 m 94 cm u. 4 mm.
133) 1 Ar 96 ☐ m 90 ☐ dm 14 ☐ cm u. 37½ ☐ mm.
134) 30 ☐ cm u. 56,35 ☐ mm.
135) 1 Ar 60 ☐ m 19,1 ☐ dm.
136) 22 ℔ 5 ℥ 2 ʒ.
137) 21 ℔ 6 ℥ 5 ʒ.
138) 108 Bäume von 2 cm. Stärke.
139) 6 m 65 cm.
140) 1 ☐ m 17 ☐ dm 29 ☐ cm 27,5 ☐ mm.

142) 6 dm 4 cm 8 mm.
143) 11 ☐ dm 75 ☐ cm 56 ☐ mm.
144) 708 Stück Backsteine.
145) 23 cm.
146) 1 m 41 cm.
147) 355 fl. 3¼ kr. rhein.
148) 87 cm 8 mm.

150) 1 m 8 cm u. 1,5 mm.

151) 1 m 6 cm u. 0,5 mm.
152) 3 m u. 9 cm.
153) 21 m u. 42 cm.
154) 24 m.

156) 6 m 55½ cm.
157) 142 19½ 36⁰ (Secunden).
158) 54 ☐ dm 53 ☐ cm. u. 12½ ☐ mm.
159) 4 m 51 cm u. 3 mm.
160) 45 Grad.
161) 26 ☐ dm 17½ ☐ cm.
162) 2 ☐ m 34 ☐ dm u. 4 ☐ cm.

166) 27 ☐ m 50 ☐ dm.
167) 46 ☐ cm 53 ☐ mm.
168) 9 ☐ m 77 ☐ dm 41 ☐ cm u. 60 ☐ mm.
169) 2298 Steine.
170) 3 ☐ m 7 ☐ dm 27 ☐ cm 84 ☐ mm.
171) Die lange Axe muss 1 m 40 cm 3 mm, die kurze aber 90 cm 2 mm sein.
172) 92 ☐ m 30 ☐ dm 59,5 cm.
173) 53 m 34 cm.
174) 27 m 91½ cm.
175—177) a) 2 ☐ m 63 ☐ dm 77 ☐ cm u. 78 ☐ mm.
b) 8 m 23 cm 8,3 mm.
c) 18 Personen.
178) Er muss von der Mitte der grossen Axe nach rechts u. links 5 m 39 cm u. 5 mm abstecken, wonach beide Brennpunkte 10 m 79 cm von einander abstehen.
179—180) ad a) 88 cm die kleine Axe ad b) 69 ☐ dm 26,2 ☐ cm.

182) 20 ☐ dm 41 ☐ cm.
185) 9 ☐ m 37 ☐ dm 86 ☐ cm.
186) 32 ℳ 5 ₰ 3 ₰ für 594 Steine.
187) 21 ℳ 18 ₰ 3 ₰.
188) 19 ₰ 6,36 (oder 3) ₰.
189) 48 ☐ dm 55½ ☐ cm.
190) 17 ☐ m 31 ☐ dm 99 ☐ cm.
191) ad a) 90 ☐ m 1 ☐ dm 52 ☐ cm ad b) 11 ℳ 20 ₰ 1 ₰.
192) ad a) 1 ☐ m 32 ☐ dm 90 ☐ cm ad b) 9 ℳ 17 ₰ 2 ₰.
193) 61 ℳ 11 ₰ 4 ₰.
194) Beinahe 6½ mal.

196) Mit 1 m 11,3 cm.
197) 31,5 cm.
198) 1 m 21,2 cm.
199) 8 dm ca.
200) 16,9 cm ca.
201) 4 m 19,3 cm.
202) 24,1 cm.
203) 68 cm.
204) 1 m 40,8 cm.
205) 84,56 cm.
206) 5 m 37,2 cm.
207) 5 m 3,0 cm (ca).

209) 89,5 cm.
210) 15,1 cm.
211) 1 □m 20 □dm 1 □cm.
212) 9,3 cm.
213) 1 m 32,1 cm.
214) 1 m 44,1 cm.
215) 79 Pfd 31 Nlth. 5,5 dgrs.
216) 1 m 2½ dm (beinahe).

217) 73,617 Zollloth.
218) 37 □m 800 □dm.
219) 590⅓ Zollpfd.
220) 25 Ctr. 60 Zollpfd.
221) 47196 Stück.
222) Die 93938 Backsteine kosten 913 ₰ 8 ₰ 7 ₰.
223) 33 □dm 697 □cm 950 □mm Eisen, wiegen 5 Ctr. 90 Pfd. 26,7 Nlth.
224) 76 □m 138 □dm 920 □cm Kies.

228) 24 □dm 442 □cm. beinahe.
229) 2 □m 52 □dm 306 □cm u. 749 □mm ca.
230) 4 Pfd. 47 Neuloth 4,971 grs.
231) ad a) 1 □m 158 □dm u. 696 □cm.
    ad b) 254 Pfd. oder 4 Ctr. 54 Pfd. beinahe.
232) 12 □m 519 □dm 756 □cm u. 750 □mm.
233) Der 5,22 □m fassende Brunnenkasten wird gefüllt a) in 101,08 Minuten
    ad b) Das Wasser wiegt 149,43,67 Pfd.

234) 1,8 m beinahe.
235) 9 □m 2 □dm 63 □cm u. 50 □mm.
237) 58 Ctr. 54½ Pfd. (beinahe).
238) 1 □m 578 □dm 216 □cm u. 116 □mm.
239) 4 Pfd. 15 Neuloth 4,57 grs.
240) 12 Pfd. 46 Neuloth.
241) 69,28 □m.
242) 19 Ctr. 13 Pfd. 43 Neuloth 6 Grammes.
243) 72 Millionen Ctr.
244) 5 □dm 659 □cm u.
245) ad a) 12000000 □Myriam.
    ad b) $\frac{64}{225} = 0{,}28444$ □Neumeile.
    ad c) 337500000 m.
246) 256 □dm u. 250 □cm. 776 □mm.
247) 9 cm 8 mm.
248) 4 dm 3,3 cm.
249) 72,1 cm.
250) 21,5 cm ca.
251) 61,226 cm.
252) 1 m 14,4 cm.

254) 338 Kugeln.
255) 875 Kugeln.
256) 1428 Kugeln.
257) 635 Kugeln.
258) 740 Kugeln.

260) 1422,18 Liter Wasser.
261) 2 □m 304 □dm u. 310 □cm.

262) 2 □m 391 □dm 210 □cm.
263) 2264,333 Liter.
264) 106 Hektol. u. 53 Liter.
265) 51 Ctr., 4 Pfd. u. 28 Neuloth ca.
266) 38 Pfd. 44½ Neuloth.

269) 1 □m 219 □dm 106 □cm.
270) 65 cm.
271) 6 m 24 cm.
272) 67 □m 335 □dm 187½ □cm.
273) 406 fl. 23¼ kr. rhein.
274) 1 Ctr. 51 Pfd. 36,816 Neuloth.
275) 4,3 cm.
276) 77 cm.
277) 3 Kilgr. 8 Hektogr. 1 Dekagr. u. 0,8 Grs. oder: 7 Pfd. 31 Neuloth u. 0,8 Grs.
278) 7 m 73,6 cm.
279) 86,7 cm.
280) 9,8 cm.
281) 1005 Ctr. 47 Pfd. 22,164 Neuloth.

283) 25,07316 □m.
284) 9 □m 42,6 □dm.
285) 50 □dm 14 □cm 63,2 □mm.
286) 20 cm 17,9 □mm.
287) 1 m 32,6 cm.
288) 1 Ar 6 □m 98 □dm 28 □cm u. 13 □mm.
289) 21 □m 44 □dm u. 41½ □cm.

291) 1,8 □m, beinahe.
292) 202,5 □dm.
293) 2 □m 374 □dm 832 □cm 850 □mm.
294) 672 □dm 439 □cm. u. 325 □mm.
295) 2 □m u. 773 □dm u. 272 □cm.

297) 2 □m 16 □dm 546 □cm.
298—300) ad a) 507 □dm 474 □cm. — ad b) 289 □dm 361 □cm u. 674,8 □mm. — ad c) 796 □dm 734 □cm u. 180 □mm, wie es auch die Tabelle in § 84 ergiebt.
301) 62,1 cm.

305) 12 Ctr. 32 Pfd. 44,18 Neuloth.
306) 21 □dm 13,15 □cm.
307) 10 Ctr. 67 Pfd. 4½ Neuloth.
308) 2 Pfd. 20,576 Neuloth.
309) 129 Fuhren, beinahe.
310) 735 □dm 937½ □cm.
311) 1 Ctr. 30 Pfd. 12,6 Neuloth.

313) 198 □m 956 □dm 250 □cm.
314) 295 □m 468 □dm. u. □750 cm.

316) 129 □m u. 952 □dm.
317) 34 □m 977 □dm.

318) 124 ▢dm 974 ▢cm.
319) 112 ▢m 432 ▢dm 593 ▢cm u. 920 ▢mm.

321) 4 Pfd. 1³/₄ Loth ca.
322) 77 Ctr. 27,9 Neuloth ca.
323) 15,2 cm.
324) 1 m 64,1 cm ca.
325) 71,6 cm.
326) 798 ▢dm 890,4 ▢cm.
327) 7 ▢m 744 ▢dm 30,8 ▢cm.
328) 1 ▢m 758 ▢dm 963,6 ▢cm.
329) 89,4 cm.
330) 78 cm.
331) 1 Pfd. 36,7 Neuloth ca.
332) 6 ℔ 1 ℥ 10 ʒ.
333) 1,4207 Loth.
334) 16 Fuhren.
335) 1390 Karren.
336) 8 ▢m 525 ▢dm 265,4 ▢cm.
337) 7 ▢m 760 ▢dm 84,91 ▢cm.
338) 924 Karren.
339) 9 ▢m 586 ▢dm. 94,7 cm.
340) 6 Ctr. 88,2 Pfd.
341—44) 7 m 32 cm.

346) 3 ℔ 6 ℥ 5 ʒ.
347) 36 ▢m 15 ▢dm 42 ▢cm 92 ▢mm.
348) 53 ▢m 48 ▢dm 80 ▢cm u. 89 ▢mm.
349) 8 ▢dm 82 ▢cm.
350) 22 ▢m 21 ▢dm u. 11 ▢mm.

351) 3 Ctr. Kalk.
352) 5 ▢m 52 ▢dm 63 ▢cm.
353) 41 ▢m 90 ▢dm 9,4 ▢cm.

355) 317122,585 ▢m, d. a. 317 ▢dm 122 ▢m u. 585 ▢dm.
356) 294,635664 Liter, d. a. 2 Hektoliter 94,64 Liter ca.
357) 274 Butten.
358) 29,08 Liter.
359) 44,8 Pfd. ca.
360) 1,835 Zollpfd., oder 1 Pfd. u. 41³/₄ Neuloth.

362) 266 ▢m 25,5 ▢dm.
363) 45 ▢m 98 ▢dm 42,4 ▢cm.
364) 15 ▢m 92 ▢dm.
365) 644 ▢m 30 ▢dm u. 90 ▢cm.
366) 1 ℔ 7 ℥ 10 ʒ.

368) 182 Fuhren.
369) 56 Pfd. 6 Neuloth 3 Qrs.
370) 222 ▢m 808 ▢dm 719,6 ▢cm, oder 223 ▢m Steine.

372) 37,34 Loth.
373) 2 ▢m 392 ▢dm 856 ▢cm u. 808 ▢mm.
374) 25 ▢m 927 ▢dm 920 ▢cm u. 602 ▢mm.
375) 26,8 Loth, beinahe.

376) 9,64 Loth, beinahe.
377) 9 Pfd. 1,08 Loth.
378) 3,05184 Neuloth.
379) 2696223297,390625 Cubik-Neumeilen.
380) 173 ☐ dm 515,652104 ☐ cm.
381) 1 m 32,7 cm.
382) 69 cm ca.
383) 78,183 cm.
384) 16,244 cm.
385) 4 m 44,372 cm.
386) 1 m 22,3972 cm.
387) 17,4981 cm.
388) 2 m 68,69 cm.
389) 5 cm beinahe.
390) 4,8399 cm = 4 cm u. 8,4 mm.
391) 5 cm u. 2 mm ca.
392) 10,56 cm = 1 dm 5,6 cm ca.
393) 16 cm.
394) 367 dm = 3,7 cm ca.

396) 259 Pfd. 9 Nlth. 2,16375 grs.
397) 32 ☐ dm 875 ☐ cm 910,388 ☐ mm.
398) 13 ☐ dm 218 ☐ cm 415,616 ☐ mm.
399) 18 ☐ dm 638 ☐ cm 537 ☐ mm.
400) 23,11889 Zollpfd.
401) 589,7015 Pfd.
402) 155 Pfd. 20 Nlth. 4,225 grs.

404) 1,99 ☐ m = 2 ☐ m beinahe.
405) 5 ☐ m 55 ☐ dm 61 ☐ cm u. 15 ☐ mm.
406) 6 ☐ m 6 ☐ dm 87 ☐ cm 26,1 ☐ mm.
407) 7 ☐ m 95 ☐ dm 92 ☐ cm 48 ☐ mm.
408) 53 ☐ cm 84,52 ☐ mm.
409) 2 m 94,2 cm.
410) 1 m 99,728 cm.
411) 2 Nlth. 5,0023 grs. Gold.
412) 7 ☐ m 60 ☐ dm 12,2 ☐ cm.
413) 3060 Neuml. u. 1275 m.

417) 5 ☐ m 76 ☐ dm 31 ☐ cm u. 6,8 ☐ mm.
418) 1 ☐ m 69 ☐ dm 61,4 ☐ cm.
419) 2 ☐ m 98 ☐ dm 18 ☐ cm u. 11½ ☐ mm.
420) 222,109533 Liter (☐ dm.)
421) 9 ☐ dm 4 ☐ cm 60,8 ☐ mm.

423) 40 ☐ dm 45 ☐ cm 60,8 ☐ mm.

425) 2 m 90,7 cm.
426) 1 dm 6,9 cm.
427) 1 dm u. 8 cm (beinahe).
428) 2 m 31,2 cm.
429) 1 dm 6 cm.
430) 1 dm 9 cm 8,56 mm.
431) 9,8 cm.
432) 3 m 50,2 cm.
433) 12 m 84,3 cm.
434) 27 cm (beinahe).

435) 6 dm 4 cm 6,561 mm.
436) 0,0088 m, oder ca. 9 mm.

444) 2 Hektoliter 28,27 Liter.
445) 17 Hektoliter 9,7 Liter ca.
446) 14,53 Liter beinahe.
447) 541 Kiloliter 3 Hektoliter 68,94 Liter ca.
450) a) 4075,84 Pfd.
450) b) 7 Neuloth 8 grs.
451) 251 ☐ dm u. 52 ☐ cm.
452) 66 Pfd. 9 Neuloth 2 grs.
453) 1½ ☐ dm.
454—56) ad a) 444,9 Zollpfd. ca.
  ad b) 167,3154 Zollpfund.
  ad c) 43 Zollpfd. u. 10,9 Neuloth.
456—62) ad a) 1,13 Neuloth.
  ad b) 1 Neulth. 9,177 grs.
  ad c) 1 Neulth. 0,5 grs.
  ad d) 2 Neulth. 1,16 grs.
  ad e) 7 Gramm.
  ad f) 0,726 Neuloth = 7,26 grs.
463) 5 Ctr. 56 Pfd. 12,65 Neuloth.
464) 134 Ctr. 61 Pfd. 15½ Neuloth.
465) 11 Ctr. 32,61 Pfd. beinahe.
466) 32 Pfd. 11 Nloth. 0,3 grs.
467) 59 Pfd. 12 Nloth 3½ grs.
468) 0,837 d. specif. Gewicht.
469) 1 Ctr. 49 Pfd. 38,5 Nloth.
470) 28 ☐ dm u. 320 ☐ cm.
471) 17 Pfd. 15 Nloth. beinahe.
472) 24,656625 Zollpfd.

473) 17,26 Pfd.
474) 2 Pfd. 24¼ Neuloth.
475) 170 Pfd. 3½ Neuloth.
476) 1 Ctr. 75 Pfd 11,95 Nloth.
477) 4 Ctr. 68 Pfd. 12,15 Nloth.
478) 9 Pfd. 29 Neuloth.
479) 13 Pfd. 1 Nlth.
480) 15 Pfd. 6,75 Neuloth.
481) 11 Pfd. 10 Neuloth.
482) 21 Pfd. 13½ Neuloth.
483) 4 Pfd. 20⅕ Neuloth.
484) 1 Ctr. 97 Pfd. 8,1 Neuloth.
485) 50⅕ Liter.
486) 9 cm 8,4 mm.
487) 23 ☐ m 38 ☐ dm 20 ☐ cm.
488) 332 ☐ dm 812 ☐ cm. u. 557 ☐ mm.
489) 26 Pfd. 15,7 Neuloth.
490) 2 m 5 dm u. 5 mm.
491) 3408,862625 Liter.
492) 55 ☐ Dekameter (Ketten) 62 ☐ m u. 80 ☐ dm.
493—500) ad a) 10 m — ad b) 5 dm — ad c) 4 cm.
  ad d) 1,66 cm —
  — ad e) 2,5 cm —
  ad f) 11 Dm 2 m u. 9 cm — ad g) 1,2 mm — ad h) 5 Klm 62 Ketten u.5 m.
501) 39,912 m.
502) 188 ☐ 12½ ☐.
503—4) ad a) 16 ☐ m 24 ☐ dm 9 ☐ cm.
  ad b) 27 m, beinahe.
505—6) ad a) 9 m u. 59 cm.
  ad b) 78,3 cm.
507—8) ad a) 3 m 22,6 cm.

ad b) 2 m 17 cm (beinahe).
509) 2 m 13,7288 cm lang.
510) 2 ℔ 28 ℔ 6 ₰ beinahe.
511) 40,1 cm.
512) 21 ☐ m 15 ☐ dm 36 ☐ cm.
513) 11 m 98 cm (beinahe).
514) 12 m 74 cm.
515) 15 cm 6¼ mm.
516) 49 ☐ m 700 ☐ dm 449 ☐ cm u. 800 ☐ mm.
517) 7 Pfd. 31 Neuloth 6,3 grs.
518) 7 m 4 dm ca.
519) 938,3 oder 939 Stück.
520) 1 Ar 70 ☐ m 3 ☐ dm u. 49 ☐ cm.
521) 14 cm 6 mm.
522) 24 m u. 6 cm.
523) 5 ☐ m 344 ☐ dm 312 ☐ cm.
524) 1 m 8 dm = 1 m 80 cm.
525) 1 ☐ m 366 ☐ dm 352 ☐ cm.
526) 1 m 56 cm 4,08 mm.
527) 4 ☐ m 20 ☐ dm 64 ☐ cm 44 ☐ mm.
528) 7 m 26 cm 8,6 mm.
529) 18 m 32 cm.
530) 64 ☐ cm 50,5 ☐ mm.
531) 4 cm 6,8 mm.
532) 20 ☐ m 37 ☐ dm 53 ☐ cm.
533) 1 ℔ 8 ℔ 3 ₰.
534) 261 Stück.
535) 1 Ctr. 35 Pfd. 8,7 Neuloth.
536) 9 ☐ dm 54 ☐ cm 41 ☐ mm.
537) 257 ☐ dm 964 ☐ cm.
538) 8 m 47,5 cm.
539) 1 ☐ m 530 ☐ dm 679 ☐ cm 248 ☐ mm.
540) 10868 Mal.
541) 2,362 m.
542) 1 Hektoliter. (Fass) und 20,144816 Liter.
543—44) ad a) 40,22 Stück. ad b) 26½ ℔.
545) 13 fl. 21¼ kr. rhn.
546) 4 m u. 1 dm.
547) 3135 Kugeln.
548) 4,851 Meter lang.
549) 5 m 69 cm 9,226 mm.
550) 32 ☐ dm 16 ☐ cm 3814 ☐ mm.
551) 3,25 m ca.
552) 36,8 m ca.
553) 2 Neuloth 2,36 grs.
554) 17 ☐ dm 929 cm u. 184 ☐ mm.
555) 177 ☐ dm 649 ☐ cm ca.
556) 830 ☐ m 412 ☐ dm u. 800 ☐ mm.
557) 5 dm 6 cm u. 9 mm ca.
558) 40,2 m.
559) 41,1 cm.
560) 8165 Stück.
561) 12 m 89 cm 2,1 mm.
562) 2 m 17,5 cm.
563) 62 ☐ dm und 2¾ ☐ cm.
564) 66 cm.
565) 62,593 m.
566) 1400 Neumeilen 3 Kilom. 6 llm. (3600 m).
567) Man macht es 4 m u. 6 dm lang, breit u. hoch.

568) 139 Neumeilen u. 312 m.
569) Umgekehrt wie die Peripherieen ihrer Kreise, also wie 5 : 75 oder = 1 : 15, d. h. so oft das grössere Rad 5 resp. 1 Mal sich herumdreht, bewegt sich das kleinere 75, resp. 15 mal herum.
570) 10 Pfd. u. $44\frac{1}{2}$ Neuloth.
571) 56Pfündige
572) 28 cm Caliberweite.

www.ingramcontent.com/pod-product-compliance
Lightning Source LLC
Chambersburg PA
CBHW032225230426
43666CB00033B/1600